Carp 赤松真人38。

広島東洋カープ
赤松真人

THE MEDIASION PRESS

予期せぬ告知から闘いは始まった

「嘘やろ……俺が……」

衝撃を受けた人間は、その先の言葉や冷静さをこれほどまでに失うものなのか。楽観的な考えはあっという間に脳裏から消え去り、絶望だけが支配する。その時、自分はどんな顔をしていたのだろうか。ほんの小さなきっかけから見つかった僕の病気は、ステージⅢの「胃がん」だと診断された。

発見のきっかけは、ほんの偶然だった。25年ぶり、広島東洋カープが歓喜のリーグ優勝を果たして街中が喜びに沸いてからほどない、２０１６年の12月15日と、はっきり記憶している。健康診断に出かけた病院でのことだった。知り合いの医師がいることから、毎年オフの恒例としていたこの検診に、僕は妻と連れ立って出向いた。

ひとときおりのチェックを受け、問診を受ける。

「血液検査の結果も去年より良いぐらいなので、問題なしですね」

検診の結果にひと安心したところで、僕としてはいつ帰宅しても良かったのだが、この日、妻が胃の内視鏡検査、通称胃カメラを受けるという。麻酔をかけて検査するので、食道を内視鏡が通る違和感や苦痛もないということだった。内視鏡による検査は結構キツいとの話を聞いていたので、これまで自分は受けたことがなかったのだが、その麻酔がゆっくりと覚めるまでにある程度の時間を要するので、その間、妻を待っていなければならない。医師の勧めもあり、それなら自分も受けましょう。そんなやりとりから、検査を受けることになったのだ。

ゆっくりと目が覚め、検査をしたことなどまったく気づくこともなく、時間が経過していた。どのくらいの時間眠っていたのかな。これで今年も「異常なし」のお墨付きをもらえれば、年内に待ち受けている行事や、来季に備えたトレーニングにも取り組むことができる。身支度を整え、この日の検診の結果を説明してもらうため、医師と向き合った時に、その事実は伝えられた。

「胃がんがあります」

医師は、胃の内部の画像を指しながら、静かに説明を始めた。素人の僕には、どこにどのような異常があるのかさっぱり分からないが、医師なら誰が見てもそう診断できるのだろう。

でも、ちょっと待ってくれ。今季、何の問題もなくプレーしてきたし、体重だってベストを維持してきた。祝勝旅行も存分に楽しみ、もちろんその間、胃に違和感があったことさえない。「がん」という命にかかわる病気なら、何かしらの自覚症状があるものではないのか?

いまひとつ、その言葉を受け入れられないまま、胃の画像を見つめている僕に、医師が続けた。

「あくまで、この画像を見る限りですが……。がんは、胃の内壁の表面にできているもののように思います。おそらく初期のものでしょう」

その時、がんと聞いてショックだったことは確かだが、思いのほか取り乱さなかったのは、近年この病気がけっして不治の病ではなく、日常生活を取り戻す人が多い現実があったからだろう。男性なら肺がんの次に多いのが胃がんだと聞くし、初期のものならさほど時間をかけずに完治できるのだろう。それに、まだ詳しい検査をしていないから、がんと決まったわけでもない。とりあえず、大きな病院で検査することを勧められた。その手続きが始まり、翌日、大学病院を訪れることが決まった。そして、この時点で「どうにかなるさ」と高をくくっていた自分の淡い期待は、裏切られることになる。

検査の結果、僕の胃に見つかったものは、「がん」だと診断された。「やはりそうだったか」と、小さなショックは確かにあった。説明によれば、腹腔鏡下手術によってこのがんと胃の半分を切除し、病理検査をしたうえでないと正確なことは言えないが、この時点での医師の見立ても「初期のがん」の可能性が高いということ。自分の体にあるものが、このまま放っておくわけにいかないものである以上、健康を取り戻すには手術する以外にない。「いや、これは早めに見つかったのだからラッキーなんだ」と考え方を切り替え、僕は覚悟を決めた。

この診断結果を冷静に受け止め、落ち着きを取り戻してから、球団へ連絡を入れた。球団からは、「何も心配することはない。治療の方法についてもその後のことについても、君自身が決めたとおりにして構わないから、治療に専念することだけを考えなさい」との言葉をいただいた。公表するか否かの決定についても僕の判断にゆだねられたので、年も押し詰まってはいたが、12月28日、記者会見を開いていただき、がんを患っていること、これから手術、リハビリに取り組むことを、自分の言葉で報告した。

会見を開いてまで報告をしたのは、アスリートでさえ、がんになることはあるのだから、一人でも多くの人に検診を受けてもらいたいという思いと、治療に専念するということを、自分自身に改めて言い聞かせ、気持ちを切り替えるという二つの思いがあったからだ。

そこから手術に向けての準備が進むのだが、これまで大した病気もせずに生きてきた身にとっては、驚くことばかりだった。手術で全身麻酔を用いるにあたって、麻酔医との面談の時間が設けられるのだが、麻酔を使用することのさまざまな副作用やリスクが説明される。極めて低い可能性としての、ごく稀に起きる死亡例なども詳細に聞かされた。これら起こりうる可能性を患者自身が承諾してはじめて、手術は行われるのだ。

手術の際に用いる麻酔薬にしても、いくつかの候補を提示され、こちらが納得したものが用いられる。その説明を受けた僕は、大多数の人に用いられる、脊髄近くに打つ麻酔の使用を断った。もしかしたら術後に起こるかもしれない、背中の神経のマヒやしびれなど、可能性がゼロでない限り、その後のことを考えるとどうしても踏み切れなかったからだ。

手術の日は、年が明けた1月5日。眠っている間に、僕の胃にあったがん組織は切除された。

激痛との闘い

意識が戻った僕を襲ったのは、激しい痛みだった。身動きが取れないほどの痛みに、声にならない声が出る。

だが、そんな状態にありながらも、医師からは、すぐに歩くようにとの指導を受けた。内臓を切除する手術を受けた後には、ほとんどの場合、腸があちらこちらにくっつく「癒着」を起こす。その結果起きる「腸閉塞」を防ぐために、内臓を動かさなければならず、術後すぐに歩くことを求められるのだ。

多くの人は、僕が断った麻酔で手術を受けるため、術後の痛みもコントロールされている。だから、さしたる痛みもなく病室のあるフロアを歩き回っているのだが、こちらはどうにもこうにも痛くて、起き上がることさえできない。アスリートとして万一のリスクを回避したことで、こんな苦しみに見舞われるとは想像もしなかった。

「これって、どんな手術を受けた人でも歩くんですか？」

看護師さんに尋ねると
「ええ、皆さん歩いていただいています。90歳のおばあちゃんもね」

それはすごいな……。現役スポーツ選手がそんな弱気な考えではいけない。意を決してベッドから起き上がるのだが、痛くてまともに直立さえできない。なんとか立ち上がることができたとしても、今度はほんの一歩が踏み出せないのだ。苦痛に顔をゆがめ、なんとか病室の端から端まで歩くことができたが、そこまでが限界だった。


この痛みは、寝ているときも同様で、無意識に少しでも体が動こうものなら、思わず声が出そうなほどの痛みが走るのだからたまらない。痛みで目が覚めたら、しばらくはじっと耐えるしかなかった。とはいえ、時間が経つにつれ、痛みとの付き合い方も何となく身に付いてくるもので、じっとしているよりは歩いていた方が痛みを感じないことがわかった。それ以降は、病室だけにとどまらず、病棟のフロアじゅうをひたすら歩き回った。

ちょうど、僕が記者会見を開く少し前、巨人の内海哲也（現西武）が、肺の下あたりにできた大きな腫瘍（縦隔腫瘍）を切除する手術を受け、キャンプ参加に向け、リハビリに取り組んでいるという記事を読んでいた。記事では、彼が1日3時間ほどは歩いているとも記してあったので、「なるほど、歩くことって大切なんだ」と、背中を押してもらえた経緯もある。

寝ている間に痛みで目が覚めたら、そこから1時間歩いて再びベッドに戻ることを繰り返し、1日に9時間ぐらいは歩いていたと思う。そうすることが、病理検査の結果が出るまでの間、自分にできる唯一のことだった。

入院期間中には、緒方孝市監督に見舞っていただき、

「チームのことは一切考えなくていい。とにかく今は、自分のことだけを考えて治療に専念してくれ。何も心配はいらないからな」

と、励まされた。力強く、温かい言葉に勇気づけられた。

やがて、中身が透けて見えるような味気ないお粥だった食事もごはんへと変わり、階段の上り下りさえもできるようになった。

こうして、10日間の手術・入院のスケジュールが過ぎていき、自分自身でも術後の回復が順調だと感じるまでになった頃、僕は奈落の底に突き落とされた。

想定外の告知

1月の13日か、14日。そのどちらかだと記憶している。退院の日を間近に控え、僕は、大学病院で、主治医と向き合っていた。

そして、主治医から告げられた病理検査の結果に、僕は絶句するのである。

「検査の結果、初期のがんではないことが分かりました。赤松さんのがんはステージⅢのAというレベルで、思いのほか浸潤しています。顕微鏡レベルの検査をしてみないと分かりませんが、がん細胞が残っている可能性も否めませんし、また、わずかですが周辺のリンパ節への転移も見られました。これ以上の進行を防ぐために、抗がん剤治療をお勧めします」

そして、その抗がん剤治療は、できるだけ早く始めたほうが良いとの話も付け加えられた。

回復を実感していた自分が、雷に打たれたように、想定外の状況に言葉を失う。この日、僕のそばには妻と、やはりがんを患いながら元気を取り戻した妻の父が同席してくれていた。妻や義父の目に、僕の表情はどう映っていただろうか。

続けて主治医は、僕のがんが今どんな状態なのか、5年後、10年後の生存率はどのようなパーセンテージなのかを淡々と説明する。僕のステージで、5年生存率は50%

とのことだった。良くない解釈をすれば、二人に一人は5年を待たず亡くなるということだ。がんだと診断されて以降、自分なりにもこの病気についていろいろ調べもしたし、よもや生存率の話を持ち出されるなどとは微塵も思っていなかったから、この時に受けた衝撃は無理もないとご理解いただきたい。

「もちろん、普通の生活を取り戻し、お酒やスポーツを楽しまれている方もたくさんいらっしゃいます」

主治医は、これまで経験してきたさまざまな症例を話し、治療への希望を抱かせるよう配慮してくれるのだが、次の一言が、僕にとっては最も重かった。

「ただ……こと、プロスポーツの選手としての例は、私も初めてです」

日常生活のなかにスポーツを取り入れる、いわゆる「ファン・スポーツ」の愛好者とは違い、僕は自分のプレーを売る「プロ」だ。再びプロ野球選手として復帰する可能性については前例もないため、確約できないということだった。人としての人生を永らえることと、プロ野球選手として再びグラウンドに立つことは、必ずしも歩調が一緒ではないという宣告だった。

今すべきことは「生きる」こと

そこからは、やらなければいけないことがたくさん待ち受けている。まず、どのような抗がん剤を使い、どれくらいの時間を治療にかけるのか。その間、どんな副作用が考えられ、体にどんな変化がもたらされるのか。

抗がん剤は、がんの発生した部位によって、効果的とされる薬の組み合わせがさまざまにある。胃がん患者である僕に選択肢として提案されたのは、二種類の抗がん剤治療だった。一方は、1年間をかけて取り組むもの。副作用としては、少し肌の色が黒ずむことがあること。そしてもう一つは、半年間をかけて取り組む治療だが、こちらは、期間が短い反面、吐き気や、手足にしびれが残るなどの副作用が想定され、治療の過程は体にきつい。

ただ、後者の方が、統計的に予後（治療後の経過）が良いのだという。主治医は、手足に残るしびれが、微妙な感覚を必要とするプロ野球選手としてマイナスとならないよう、1年間の治療を薦めてくれたが、僕は半年間の抗がん剤治療を選んだ。

なぜか？

命なくして、野球選手としての復活はあり得ないし、大切な家族と過ごすことだってできない。仮に野球ができなくなっても、生きていればいろんな選択肢があるじゃないか。治療する覚悟を固めるにあたって、自分にとって大切なもう一つの「野球人としての人生」は、二の次に追いやったのだ。僕は、人として生きる術を、最優先に選んだ。

〔目次〕

第二章

負けるものか……039

〔目次〕

第三章

闘病を支えてくれたもの……079

〔目次〕

第六章

もう一度あの場所へ……185

あとがき

装丁・本文デザイン　村田洋子
カバー写真撮影　妹尾知治
編集協力　株式会社Office T-Work（井村尚嗣）
校　正　菊澤昇吾
協　力　広島東洋カープ

〔第一章〕

がんとの闘いが始まった

抗がん剤治療始まる

２０１７年1月15日をもって、一旦退院をしたものの、この後、抗がん剤治療をどのタイミングで始めれば良いのだろうか。主治医に言われた「できるだけ早く」との言葉が頭から離れないでいた僕は、その5日後、1月20日から治療を開始していただけるようお願いした。

半年間でゴールを迎える抗がん剤治療は、3週間を1クールとして、これを8クール繰り返すことになる。まず1週目は、病院での抗がん剤投与を一度行う。約3時間かけてゆっくりと体内へ入れていくのだ。2週目は飲み薬を服用し、3週目は、それら治療行為を一切しない週となる。勇気のいる治療だが、副作用は出ないに越したことはないし、現に、治療中、まったく副作用に見舞われない人もいるという。「自分にもどうか出ませんように」と祈るような思いで、初めての抗がん剤投与を受けた。

病室の天井をぼんやりと眺めながら、時間がゆっくりと過ぎていく。点滴液の入ったパックとつながれた自分は、他に何もすることはない。やっと投与を終え、体をそっと起こしてみる。おや、どこか体に異変が起きるかと思いきや、多少しんどいかなと思う程度で、いつもと変わらない感じだ。

しかし、我ながら比較的しっかりした足取りで病院の玄関を出た途端、異変は襲ってきた。その日はとても寒い日ではあったのだが、冷たい外気に触れるや、瞼の動きがひどく鈍くなるのを感じた。まばたきがまともにできないのだ。さらに、耳や指先の末端部分には、経験したことのない違和感が走る。ああ、抗がん剤の影響って、こういうところに出るんだ。この先の治療が厳しいものになることを感じながら帰宅し、その日はリビングでゆっくりと休んでいた。

帰宅後はさすがに、いつもよりは少しダラっとした感じで、横になっていたのだと思う。自分にとっては「少々疲れている」程度のものだったのだが、家族の目にはそうは映っていなかったようだ。がんの宣告を受けて1カ月余り、5年生存率を云々されるがん患者となった父親が目の前にいる。当時は長男がまだ小学1年生だったので、僕が病気になったとはいえ、子どもの理解力から言えば、風邪をこじらせたぐらいにしか受け止めていなかったはずだ。

でも、この日病院から帰って来たパパは、明らかにいつもと違う。普段との明らかな差は感じたようだ。自分自身は普通に振舞っているつもりでも、表情なり、仕草なり、そのすべてがいつもと違っていたのだろう。子どもがそう感じるぐらいだから、妻はもっと強く、僕の異変を感じていた。

「今、パパに遊んでって言っちゃだめよ。とても疲れているからね」

と、子どもの動きを制してくれてもいた。実際、平静を装っている自分自身、子どもが遊んでと寄って来ても、体がまともに動かないのだから、とても構ってはやれない状態だったのだと思う。

治療を続ける半年間、妻は、朝一番の僕の様子を見て、その日の調子が分かると言っていた。本人は何も変わらないつもりでも、目覚め、2階から降りてくる足音やスピード、顔色などが日によって異なり、判断の材料となったようだ。現に、調子の極めて悪い日は、リビングにあるコタツにたどり着いた途端横になり、そのまま1日、そこで過ごすことさえあった。

しかし、何も食べないわけにはいかない。じっとしていてもおなかは減るものだし、「何か食べたい」という食欲自体はある。おまけに、入院中の食事は味付けの薄いものばかりだったので、どうしても気持ちは味の濃いものを要求してしまいがちだ。その時の気分で妻にリクエストして作ってもらうのだが、ほんの少しでも味の濃いものを食べると、ほぼ間違いなく食後は吐き気に襲われ、戻してしまっていた。吐き気が短い時間で過ぎ去るのなら我慢のしようもあるが、終日続くのだから、気持ちが滅入ってしまい、ますます動こうとする気力が奪われるのである。

抗がん剤は、血液中に入り体内を巡り、がん細胞を攻撃し、全身的な治療効果をもたらすのだが、一方で、正常な他の細胞に対しても少なからず影響を及ぼす。投与されている間は、白血球の数が少なくなり、病原菌に対する抵抗力も弱くなるため、インフルエンザにでも罹ったように高い熱が続くこともある。それに吐き気が伴うから、体調も気分も最悪だ。これが、服薬の2週目、何もしない3週目と経過していくにつれ、体が回復してくるのを実感できる。

このローテーションを一度こなした後は、病院で血液検査を受け、引き続き治療を続けられる状態にあるかを確認する。場合によっては少しの間隔をあけて、次のクールに入っていくことになる。そして、再び抗がん剤投与に入った途端、体調はまた一気に下降していくのだ。

特にこの抗がん剤を投与する1週目のキツさは、今思い出しても耐え難いものだ。何か口に入れたときの吐き気は言うに及ばず、発熱と嘔吐、下痢の症状はセットになって付きまとう。そしてその症状は、第1クールよりも第2クール、そしてその次と、どんどん激しくなっていった。

駆けっこ無敵の少年、大海を知る

京都府伏見区。京都駅の南に位置する、京都市に11ある行政区のなかの一つで、かつて豊臣秀吉が築城した伏見城があった場所だ。もともと京都市とは別の市だったが、1931年に京都市に組み込まれた歴史を持つ。中心部から少し離れたこの一帯は、年々住宅の建設が進み、僕が生まれた1982年頃は、人口も増加の一途をたどっていた。それでも、自宅周辺には、まだまだ空き地や田んぼもたくさんあった時代だ。祇園あたりに出かければ観光客の姿が一気に増えるのだが、それも現在のように人で溢れかえるほどではなかったと記憶している。

4歳年上の兄と、一つ違いの姉。赤松家の末っ子として誕生した僕は、両親の自主性を大事にする教育方針のもとで伸び伸びと育った。親の手を離れ、自由に遊びに出かける歳になると、僕の遊び相手はもっぱら兄だった。

現在のように、「ここでこの遊びをしてはいけません」という制約も、さほどなかった時代。四つ上の兄は、子ども心に、いろんなことを知っている頼れるリーダーとして映る。とにかく兄にくっついていて、近所の子どもたちの仲間に加わった。野球の原体験がその頃かというとそうではなく、当時は空き地に秘密基地を作ったりして、限られたエリアのなかでの冒険を楽しむ幼少期だった。

やがて兄が小学校の高学年になり、余暇の過ごし方や遊びの形も変わってくる頃には、僕にも近い年齢の仲間が増え、遊び相手も変わっていった。その時期の遊びと言えば、サッカーボールを蹴ったり、走り回ったりと他愛もないものばかりだった。ただ、兄の影響は、その後の僕の人生を左右する、野球との出合いにつながる。

小学校に上がると同時に、僕は軟式少年野球のクラブチームに入った。「板橋ベースボールクラブ」というこのチームで兄が野球をしていたことで、週末の両親は、練習の手伝いや当番、試合への送り迎えと、ほぼ付きっ切りの状態だ。小さな弟は必然的に、そのすべての場に連れていかれることになる。そこでは、ボールやバットが遊び道具だ。兄が練習に励むグラウンドの隅っこで、真似事を始めたのが、野球との出合いだった。同じチームで野球をすることに、両親も異存はなかったので、ごく自然に、野球というスポーツの世界に入っていった。ただ、この時点ではただのきっかけにしか過ぎなかった「兄の影響」は、その後、さまざまな節目で、僕の野球人生を大きく左右することにもなる。

小学生の、特に低学年の頃の僕は、同学年のチームメートのなかでも小柄な方だったが、こと走ることと、肩の強さでは、少なからず周囲を圧倒していたと記憶している。この頃から、自分のセールスポイントが「走力」にあることは、十分に自覚するところだった。足が速くてすばしっこいから、板橋クラブで与えられたポジションは二塁手。家の引っ越しで学区が変わったため、このチームには3年生の途中までしか在籍していなかったが、引っ越す直前には、高学年のチームにも加わって試合に出場するまでになっていた。

この走ることに関しての経歴を、ここでもう少し触れておこう。人と「競う」ということを覚えて以来、誰にも負けたことがない。記憶に残る幼稚園時代以降、高校を卒業するまで、運動会や体育祭では常にトップ。どんな競争でも、いつもぶっちぎりでテープを切っていた。幼稚園の運動会だと、さして広くもないトラックを走るだけの駆けっこだが、そこでも後続に大差をつけてゴールする自分に、周囲は驚いていたようだ。ただ、自分がどれだけ速いのか、途中で後ろを振り向いたり、ゴール前でペースダウンして優越感に浸るなんてことは一切なかった。いつも全力で、ひたすらゴールまで駆け抜けた結果だった。

小学生時代もそうだ。運動会の花形種目、走ることにずば抜けたメンバーが揃うリレーでも、僕は一度として、学年代表を人に譲ることはなかった。毎年計測する50メートル走のタイムも常に1番だったから、選手選考の際にも誰一人、異論を唱える者はいなかった。

走ることにかけて、少なくとも校内では他の追随を許さない小学生時代。あれは

6年生の頃だったと思う。学校からの選抜を受け、初めて京都市の陸上競技大会メンバーに選ばれたのだが、この時出場した種目は「走高跳」。なぜ、短距離走ではなかったのか、それに対して自分が異を唱えたかどうかは思い出せないが、子ども心に、なぜその大会で自分が短距離の種目に出場させてもらえなかったのか、妙に腑に落ちたことを覚えている。

一番自信があった短距離走を興味深く見ていると、さすがに規模が京都市全体となれば、同世代のいわゆる「怪物」が何人かいるもので、これは、仮に出場していたとしても、彼らに太刀打ちできないなと、心のなかであっさりと白旗を揚げてしまう自分がいた。その頃、まだ体格的にも成長の途上にあった自分と、まるで大人のような体格をした怪物たちを比べた時、まだまだ足りないものを痛感する、初めての機会となった。

そして、いずれ好きな野球で高いレベルに達するには、「上には上がいる」ことを素直に認め、その力の差を埋めるべき取り組みが必要なのだと思うようになるのである。目指すところは高く、全国レベル。その世界を覗かない限りは、どこを目指せばよいのかさえも定められないからだ。

特に、野球というスポーツは、自身の体が道具となり、すべての成績に直結する陸上競技とは少し違う。どれだけ足が速くても、まず塁に出なければその持ち味を生かすことはできないし、どれだけ打球を飛ばすパワーがあったとしても、まずバットに当たらなければ何も始まらない。

野球の怪物

板橋ベースボールクラブで小学3年生の途中まで野球をしたあと、引っ越し先で在籍した、自分にとって二つ目の所属チームは「竹田イーグルス」。ところが、小学5年生になった頃、チームは部員不足から存続の危機に陥る。完全消滅とはならなかったものの、吸収合併のような形で「住吉砂川ジュニア」というチームに所属することになった。そこで2年間、残りの少年野球に取り組むのだが、このチームに入ったことで、野球に関する「怪物」と出会うことになるのである。

住吉砂川ジュニアは、1学年上の先輩にかなりの実力者が揃っていて、京都市で強豪の部類に入るチームだった。さすがに、全国大会に手が届くところまでは行かなかったが、先輩たちの活躍で近畿大会に駒を進めたこともある。そんなチームだから、かなり上位の大会の常連ではあったのだが、越えられない壁はあった。

当時、京都府最強のチームに、覚前昌也さんという選手がいた。PL学園に進学し、大阪近鉄バファローズに入団を果たした選手だ。残念ながら、肩の故障でプロ生活は短かったが、彼が4番でエースとして、そのチームは全国制覇を果たした。

少年軟式野球では、変化球を投げることは禁止されている。直球一本で打者をねじ伏せるのだから、球速も制球力もずば抜けていればこその偉業でもある。「すごいなあ」と、僕は覚前さんを憧れのまなざしで見ていたものだ。直接対戦したこともあったが、レベルの違う球威には手も足も出なかったことを覚えている。子ども心に、「きっとこういう人がプロになるんだろうな」という思いは抱いていた。

そしてもう一人。僕が小学6年生で、ある京都府の大会に臨んだ時のこと。ここでも、「野球の怪物」を目の当たりにすることになる。覚前さんと同様にPL学園へと進み、千葉ロッテマリーンズ、東北楽天ゴールデンイーグルスと、常にプロの第一線で活躍する今江年晶（2017年からの登録名）だ。

今江は、学年は一つ下なのだが、その体の大きさに驚かされた。150センチに届くかどうかという小学6年生の自分に比べ、頭ひとつ分は確実に上背がある。当時で170センチ以上はゆうに超えていただろう。その恵まれた体格とパワーは、マウンドで存分に発揮された。投手板と本塁の距離は16メートル。子どもの規格で大人が全力投球するようなイメージだから、それはもう打てるような代物ではない。自分たちの試合がない間、今江が投げると聞けば、多くの人がそのグラウンドに注目し、一球投げるたびにどよめきが起きた。その速球の印象は、150キロ。

あくまで少年野球のレベルの選手が感じるものだから、それは大袈裟だとしても、小学5年生が投げる球ではない。100キロ、いやそれ以上は確実に出ていた。野球経験のない人がいきなり打席に入ってプロの投手の投球を見れば、たとえど真ん中でも、思わずのけぞってしまうだろう。それと同じだ。とにかくレベルが違うのだから、対戦する打者は腰が引けて、スイングするどころの話ではない。

残念ながら今江との直接対決を果たすことはできなかったが、インコースの高めにでも来ようものなら、顔面を直撃するほどの恐怖があったはずだ。

その頃の自分に、明確なプロへの意識があったわけではないが、京都府にだけでも、同世代にこれほどの選手がいることを痛感した思い出だ。

〔第二章〕

負けるものか

Carp 赤松真人38。

アスリートとして失ったもの

抗がん剤治療をスタートさせた2017年1月。本来、春のキャンプ・インを目指すこの時期は、厳しい練習を乗り越え、その先のシーズンを戦うべく、栄養の摂取や体のつくり方に心を砕く時期だ。もともと僕は、少々食べ過ぎても体脂肪が付きにくいタイプだし、持ち前のスピードを生かすためにも、敢えて高負荷の筋力強化トレーニングはしない選手だった。体脂肪率も一桁台を維持し、外見上は、プロ野球選手としては、かなりスリムな方だ。

それが、治療開始後は、本人にその気持ちがあっても食べられないし、食べても吐いてしまうことの繰り返しで、体重は落ちていく一方だった。76キロあった体重は、ついに67キロにまで落ちてしまった。体脂肪率がもともと低い体質だから、まさに筋肉量だけで10キロ近くを失ったことになる。瞬発力、持続力を生み出す筋力。プロスポーツ選手として必要不可欠な「鎧」を、僕は治療と引き換えに失うことになったのだ。

体をしっかりと支えてくれる筋肉を失ったことで、なんだか全身が、たるんでしまったような感覚だ。ボクサーのように割れていた腹筋も、野球をすることで大きくなっていたお尻も、一目で分かるほど、サイズダウンしている。おまけに、何年もバットを振り込み、豆を潰し、ゴツゴツになっていた手のひらも、子どものようにつるんとして、柔らかくなってしまった。築き上げてきたものが、こんなわずかな期間で一気に失われてしまうとはショックだった。

しかし、これを取り戻すことは容易ではない。一度は、生きることに専念すると決めたはずなのに、「やはり、再び野球をするのは無理なのかな」という考えが巡ってもくる。心のどこかで、まだ復帰への可能性を探っている自分に気がついた。

がんの組織を摘出する手術では、同時に、胃の半分を失っていた。ただ、がんのできていた位置が胃の中心部であったことが、不幸中の幸いとでも言えばいいのか、主治医からは、がんの位置が中央よりも上下どちらかに寄っていた場合は、それだけで済まなかったと言われた。

胃の下の方にがんができていた場合は、胃の出口にあたる「幽門」という、消化液の逆流を防ぐ部分を含め、胃の約3分の2を摘出するため、その機能を失うということ。また、「噴門」と呼ばれる、食道と胃の結合部分近くにできていたら、胃は全摘出せざるを得なかったそうだ。治療後の回復や生活に、この違いは大きい。胃の機能を失わずに済んだことは、ラッキーだったと言える。

だが、胃を残したら残したで、その後に待ち受けている苦しみは別にある。抗がん剤の副作用でも、常に気分の悪さは伴うが、術後に現れる「ダンピング症候群」という症状は、胃が小さくなったために、食べ物が早く小腸に送り込まれることに起因していて、食べればすぐ吐き気がしたり、腹痛や下痢などを伴うことがある。

一度に摂る食事の量を減らして小分けに食べたり、意識してよく噛むなど、それまでの食習慣を変えることで改善していくのだが、術後2年経った今でも、この症状は時々現れる。全摘出という最悪の事態を免れたことは喜ぶべきだが、手術の後遺症は、野球を再開した後も付きまとっているのだ。

また、半年の闘病生活を終えて、自分が一番「失った」と感じたのは、動体視力だ。これは、主治医から直接的な後遺症の可能性として説明を受けていないから、病気になっていなくても、年齢的に衰え始めるタイミングだったのかもしれない。しかし、半年間、練習から離れていることは、やはり野球選手に欠かせない部分を、衰えさせてしまうのだろう。

前述したように、抗がん剤投与から始まる3週間の治療クールの内、治療行為を行わない3週目は、不思議なくらい体が元気になることもある。これは、抗がん剤の投与が後半になって、どんどん辛くなっていった時期でも変わらない。そんなときは、極力、体を動かすことを心掛けていた。自転車に乗って外にだって出るし、マスクはつけているが、特に隠すこともないので、街で人に声をかけていただくこともあった。

暖かくなってからは、マツダスタジアムにも、軽い練習をしに出掛けた。球団からは、連絡してこなくても、自分の体調さえ許せば、いつでも施設を使っていいと言われていたから、お言葉に甘えさせていただいた。

地元で公式戦がある日は緒方監督を訪ね、「今日、僕、スタメンですかね」なんて冗談を交わすこともあった。そんなある時、僕は突然、動体視力の低下に驚かされるのである。


屋内練習場で軽く走った後、球場課のスタッフがキャッチボールの相手を務めてくれたときのことだ。相手の投げる球が、あまりにも速く感じられて、捕球の際にびっくりしてしまうのだ。

プロとは言わないまでも、かなりの野球経験を積んだ人の球を受けるとき、球が失速せずにどんどん伸びて向かってくることに、恐怖を覚えた経験をお持ちの方もいるだろう。まさにそれと同じなのだが、軽いキャッチボールの段階でさえ、そう感じてしまうのだ。平静を装ってはいたが、僕は必死にグラブを出して捕球する。それまで難なくできていたことが、できなくなっていることに愕然《がくぜん》とした。

元々、僕の目は、乱視がきつかった。それに加えて、この視力の衰え。やがて本格的に練習に復帰するようになってから、再び回復はしていくのだが、プロにとってこのブランクは大きいと、つくづく思い知らされた。練習を再開し、二軍戦に出場するようになってから、ずっとかけているスポーツサングラスは、今や必需品として、欠かすことができない。

手足に残るしびれと付き合う

抗がん剤治療の副作用として、手足の感覚が過敏になる、「末梢神経障害」を起こすことが挙げられる。足に現れれば、正座をした後に残る、じんじんとしたしびれに似た感覚と言えば分かってもらえるだろう。
いつまで続くのかは個人差があるそうだが、僕の場合は、今でも常にその状態が続いている。それまでスリッパなんて履いたことがなかったのに、今は履かないではいられない。どうにも嫌な感覚が続くのだが、これも慣れてはきたから、付き合っていくしかないのだろう。両手にしてもそうだ。手のひらから指先にかけて、やはり、ジーンとしたしびれが常にある。その症状は、特に冷たいものを触ったり、空気自体が冷たいときに顕著に現れ、冷たいドアノブを触って、低温やけどをしてしまったこともある。

この冷たさに対する過敏な反応は、気温の上昇とともに緩和されるので、夏場はずいぶん楽になる。1年中悩まされるわけではないが、自主トレ期間や、2月の春季キャンプの頃は本当に辛い。

中学野球は部活を選択

小学生時代、3つのチームで伸び伸びと野球を楽しんだ僕は、中学生になった。この頃の身長は150センチを少し超えるくらい。進学後、どこかのクラブチームに所属して野球を続ける選択肢もあったが、住吉砂川ジュニア時代の主力を務めた先輩たちがほとんど在籍していたため、迷わず、中学校の野球部に入部した。

気心の知れたチームメートと野球をすることの安心感ももちろんあったが、一番は、強いチームのなかで自分を磨きたいという希望を叶えてくれるチームであったこと。このチームなら、高いレベルの大会を目指すことができるはずだ。

京都市立藤森中学校は、4つの小学校から生徒が集まってくる学校で、当時の京都でも有数のマンモス校だった。一学年が13クラスもあったのだから、その規模も分かっていただけるだろう。部活動も盛んだったが、学校の規模に対して野球部員の数はそれほど多くなく、同級生で20人足らず。3年生まで合わせても50人ぐらいだっただろうか。

小学生時代に野球をやってきた者ばかりだったが、同級生のなかに「こいつはすごいな」という印象を抱く選手はいなかった。

何年か後に「すごいな」と思うことになる、例外的な一人が、チームメートにいたのだけど……。

あの歌姫はチームメート

20人にも満たなかった野球部の同級生のなかに、紅一点、女子部員がいたことは、後に僕がプロ野球選手になってから、エピソードとして語られることになる。その唯一の女子部員が、2000年代初頭の音楽シーンを席巻した、歌手の倖田來未だ。

彼女と野球の関わりについては、マネージャーとして入部してきたとか、僕と二遊間を組んだなど、さまざまに伝えられているが、まず彼女は、間違いなく一人のプレイヤーとして入部してきた。それも、他の女子と連れ立つこともなく、当時の野球部に好きな男子がいたからという動機があるわけでもなかった。

後に彼女がテレビで話していたところによると、入学当初はテニス部に在籍していたのだが、当時の野球部監督から、その運動神経の良さを買われ、勧誘されたのだという。

彼女は、小学生の頃から歌のレッスンを受け、中学生になっても数々のオーディションに挑戦していたから、部活を休むことも多かったが、やはり同年代の女子と比べて運動能力に長け、練習は男子部員と同じ量をこなしていた。中学生の時期は、男子の体格やパワーが女子を逆転して一気に伸びるので、さすがに彼女が試合に出る機会はなかったが、3年間やり通す頑張り屋だった。

野球部の仲間と連れ立って、カラオケに行くことも何度かあった。限られた空間の中で、彼女はスターだ。その歌のうまいことと言ったら、もう、その辺の「うまい」を超越した次元にあった。正直、当時の彼女が、あれほどの成功を収めるとは想像すらしなかったが、中学の3年間をチームメートとして、友人として過ごしたのは良い思い出だ。

今思えば、彼女の夢は、一貫してエンターテインメントの世界で成功することだったから、その基礎体力作りや体幹を鍛える狙いもあって、野球というスポーツを選んだのではないだろうか。

高校進学を機に、進む道は分かれたが、高校3年生のとき、彼女は歌手として念願のメジャーデビューを果たす。その頃、彼女から連絡があった。

「お先に、ちょっと有名にならせてもらったわー」

と、嬉しい報告だ。「先を越された」僕は、やがて大学野球を経てプロへと進むことになるが、その頃の彼女は大ブレイクを果たしていて、ずいぶんと差をつけられてしまっていた。ある取材の一環で、野球部時代の仲間としてコメントを求められたことがあったが、こちらが恐縮してしまい、「いや、僕ももう少し有名になってから」と、やんわりお断りしたこともあった。

だけど、身近にいた人間の成功は、嬉しくもあり、自分を発奮させる力をくれる。彼女は、夢は叶うのだということを、身をもって示してくれた大切な友人だ。

内野手として過ごした中学時代

藤森中学校の野球部では、1年生から時々試合に使ってもらうこともあったが、優れた先輩たちが内野のポジションをしっかりと固めていたので、そこに僕が割って入る余地はなかった。もっぱら守っていたのは、それまでに経験のない外野だ。いよいよ外野手としての赤松誕生かと言えば、それはちょっと違う。

今の考え方はどうなのか分からないし、あくまで「自分の考えとして」という点を付け加えさせてもらえば、当時、少年野球でも中学野球でも、すべての面において実力のある子は、投手や内野手を任される。そのどれかに欠けている子が外野を守ったり、一塁を守ったりという、暗黙の序列が出来上がっていたように思う。

足が速くて肩も強ければ、まさに適正じゃないかと言われそうだが、これは「プロ野球選手あるある」とでもいうのか、この時期に外野手をやっていましたという選手は、まず見当たらないのだ。その多くは、投げてエース、打って四番打者。我が野球部は、それだけ先輩たちのレベルが高かったし、自分が内野の定位置を奪い取るには、まだまだ実力不足だったということだ。常時ベンチ入りを果たすようになったのは、3年生が引退した後、秋の新人戦からだった。

2年生になって与えられたポジションはショート。入学後、少しずつ身長は伸びていたが、その年の夏休み、自分でも驚くほど、ぐんぐん身長が伸びた。ひと夏越えたところで10センチは伸びただろうか。この間、俗にいう成長痛などに悩まされることもなく、ボディサイズだけは格段にアップした。

体格の変わりように比例して、身体能力も向上したとか、プレーの成長にもつながったかと言えば、自分では客観視できなかった。打球が遠くに飛ばせるようになってきたので、打撃面で自分なりに工夫したり、意識をすることはあったが、とにかく、懸命に練習メニューをこなすことに集中していた。自分がうまくなることだけに、こだわっていたと言う方が正しいだろうか。だから、中学時代に残した個人の成績がどんなものだったか、まったく気にしてもいなかったし、記憶の片隅にさえにないのだ。

それはつまり、自分の感覚だけを優先し、「考えずに野球をやっていた」ことに他ならない。がむしゃらに野球と向き合ったと言えば聞こえは良いが、この点に関しては、その後の野球人生で、何度も後悔する場面に直面して気づかされる、僕の悪い一面だ。もっと考えて野球をやっていたら、選手としてもっと大きく成長できたのにと、今になって思うが中学生の自分は、そこに気づくこともできないでいた。

中学2年生からショートの定位置についたこの年のチームは、一学年上の先輩たちがチームを引っ張り、京都府代表の一校として近畿大会に進出を果たすことができた。ここで勝ち抜けば、全国の代表校と対戦できる。しかし、この大会は、あと一歩のところで敗れ、その夢を絶たれた。

思えばこのときのチームは、練習時間にも制限のある公立中学校の部活でもあり、猛練習に明け暮れるものでもなかった。たまたま能力の高い個人が集まり、各自が長所を生かしたことで、強くはあったが、全国の舞台で戦うには、練習の質やレベルが高いとは言えなかったのだろう。

そして最終学年。この頃には身長も177センチほどになっていて、エースとしてマウンドに立っていた。もともと強かった肩と、1年余りの間に得た上背も手伝い、速球には自信があったが、残念ながらこの年の戦績も、見事なほど記憶に残っていないのだ。華々しい戦績を残していれば別だが、結局は、先輩たちに連れて行ってもらった近畿大会への道さえ遠かったからに他ならない。

ただ、京都府のなかでも強豪と言われるチームでレギュラーを張っていたことは、高校進学に際していくつかの高校から声をかけていただくことにはつながった。そして、ここでまた4歳年上の兄の存在が、僕の進路に大きくものをいうのである。

はじめて知った「全国レベル」

兄の影響で野球を始めたのが小学校1年生のとき。以降、藤森中学校野球部のキャリアも、僕はそのまま兄が通ったのと同じ道を歩んできた。年齢差があるので、在校の時期が重なることはなかったが、高校進学を意識する頃、再び兄の影響を大きく受けることになる。

兄は、藤森中学校から、同じく京都市内にある平安高校（現・龍谷大学付属平安高校）へ、推薦を受け進学していた。平安高校といえば、2018年までに、春夏合わせて甲子園に74回の出場を誇り、夏に3度、春の選抜大会でも1度優勝を果たしている、関西でも有数の野球強豪校だ。2018年、夏の100回記念大会では、甲子園通算100勝という、偉大な数字も打ち立てた。1974年以降、ずっと受け継がれている、（現在、袖には龍谷大学の文字が入るが）胸にHEIANと記されたシンプルなデザインのユニフォームはお馴染みだろう。広島東洋カープの大先輩でもある、故・衣笠祥雄さんも平安野球部の出身だ。

もともと、兄の少年野球に連れて行かれたのが野球との出合いだったように、中学時代、自分の練習が休みの日には、亀岡市内にある平安高校の専用グラウンドに出向き、練習や試合を何度も観ていた。中学3年生当時の平安は、川口知哉さんという絶対的なエース（1997年ドラフト1位でオリックスに入団）を擁するチームで、春夏連続で甲子園に出場し、夏には準優勝していたから、人気も高かった。とにかく、強いチームに入ること、全国レベルで野球をすることを目標としていた自分にとっては、憧れのチームだ。できることなら平安で野球をやりたい。その思いは、中学生時代には、ほぼ固まっていた。

幸い、兄が在籍していることで、弟が藤森中で野球をしていることも伝わっていたことから、声をかけていただき、野球部のセレクションを受けることができた。そこでいよいよ本格的に、全国レベルの選手たちとの出会いを果たすのである。

平安高校のセレクションには、全国津々浦々から、高い実力を持ったメンバーが集まる。あと一歩のところで全国大会への壁を越えられなかった僕には、待望の「ご対面」だ。もちろん、近畿大会にもスター選手は何人かいたが、それではまだまだ視野が狭いと、自分で思い込むようにしていた。全国から精鋭が集まる平安には、絶対にすごいメンバーがいるはずだ。想像通り、いや、それ以上に、彼らのポテンシャルは高かった。

このセレクションを突破できた僕は、晴れて平安高校に推薦入学を果たす。同様に推薦で入部してきた同期は、15人か16人いただろうか。これに、一般入試で入学後、入部してきた部員が50人以上はいて、当初、1年生だけでその人数は、約70人ほどに膨れ上がった。

しかし、その大所帯は、1年を待たずして、いや、まさに1日置きに数人、10人と退部し、瞬く間に淘汰《とうた》されることになる。退部していくメンバーは、すべて入学後に志願して入部してきた者たちだった。

それは何故か？ その部員たちは、僕と同様、「全国レベル」を知らないで入学してきた。だけど、京都府内に限らず、どこかのチームで、それなりに実績を残した、腕に覚えのある者ばかりだったから、「俺なら平安でもレギュラーを目指せる」という、ぼんやりした自信を抱いていたに違いない。僕のことは置いといて、彼らは入学後に初めて、同世代の「怪物」たちの実力を、目の当たりにしたのだ。これは到底越えられるレベルではないと、プライドが打ち砕かれても仕方がない。

そうして、平安高校野球部の同期は、10数名にまで絞られることになる。そのなかには、後に広島東洋カープでチームメートとなる岸本秀樹（投手）がいた。

練習は「今日から明日まで」

どうあがいても、このチームでレギュラーを目指すことはできない。さらに踏み込んで言えば、このチームでは、到底やっていく自信がない。そう思わせる理由は、部員一人ひとりのレベルの高さだけではない。ここからの話は、現在がそうなのではなくて、あくまで、僕が高校時代にさかのぼっての話だと、割り切って読んでいただきたいのだが、当時の平安高校の練習は、それはキツいものだった。

平安高校の校舎は、京都市の下京区にあった。現在の龍谷大平安は、専用グラウンドも新設され寮も完備されているが、当時は多くの野球部員が、学校の近くで下宿していた。京都で生まれ育っても、自宅が離れていれば、それは同じだった。幸い、僕の自宅から高校までは、自転車で30分ほどの距離だったので、3年間、休むことなく通い続けた。

当時、平安高校の野球部専用グラウンド「亀岡グラウンド」は、京都市に隣接する亀岡市の牛松山の麓にあった。メイン球場とサブ球場を備え、野球に打ち込むには最適の環境だ。全学年合わせても50人から60人ほどに絞り込まれた精鋭が、この施設を使い分け、猛練習に取り組む。

学校の終業時間は、午後3時15分。球場へ向かうバスの出発時間は3時30分だから、野球部員は、そのわずか15分の間に、身支度を整えて野球道具を積み込み、出発しなければならない。1年生は、道具の積み込みを終え、上級生がバスに乗り込むのを迎え、同時にコンビニでの買い出しなどリクエストに応える。今思えば、たった15分の間で、よくそれだけのことをこなしていたと、我ながら感心してしまう。

監督が30分きっかりにバスに乗り込むと、バスは球場へ向けて走り出すのだ。移動時間は約50分。午後4時過ぎ、その密度は言うに及ばず、長い、とにかく長い練習が始まるのだ。

現在も龍谷大平安で監督を務める原田英彦監督は、平安のＯＢだ。社会人野球のキャリアを終えた後、１９９３年から監督に就任した人で、当時は30代の若さだった。低迷していた平安を再び強いチームに改革するため、社会人野球のトレーニングを導入し、かなり厳しい指導を受けたものだ。

辺りは真っ暗になり、ナイター照明がグラウンドだけを明るく浮かび上がらせる。静寂のなかに響くのは、途切れることのない野球部員の声と打球音だけだ。そうして、練習が終わるのが午後10時。これだけでもずいぶん長いが、平安野球部の練習は、これでは終わらない。再びバスで50分かけて学校に戻ったら、そこからは自主トレの時間だ。さほど規模は大きくないが屋内練習場があり、打撃練習のできるスペースが1箇所と、ブルペンが2箇所、そしてティー打撃のできるネットがあった。1年生は先輩の練習の補助をしながら、合間を見て自分のための練習に取り組むのだ。

その間、食べ盛りの高校生たちは、どのようにして空腹を満たすのか。食べる時間は、練習場から学校へ移動する車内がメインとなるのだが、当然それだけでは足りない。全員揃っての食事時間は確保されないから、誰もが最低10個ほどのおにぎりや間食を持参していた。

先輩は、とにかく練習への意識が高い人たちだった。その日やるべきことを終えないと、誰一人帰らない。やがて、満足いくまでの練習ができれば、一人二人と帰宅していくのだが、全員のトレーニングが終わったその後に、1年生には仕事が待っている。屋内練習場の掃除をして道具を片付け、土にまみれた練習用のボールを縫い目に沿って消しゴムを丁寧にかけ、一つひとつの汚れを落とすのだ。先輩たちが全員帰宅する時間は、間違いなく日付が変わってからなので、1年生の帰宅時間は、午前2時頃になるのが普通だった。

どんなに疲れていても、先輩の練習が終わるまで帰ることは許されなかったが、さすがに、もう体がもたないと感じるときもある。そんな時、僕は自主トレの場所からこっそり抜け出し、練習着のまま、しばし仮眠をとる術を身につけた。

校舎の一番上の階の、まさかこんな所にいようとは、誰も思わないと確信できる場所を見つけ、ほんの15分から30分、仮眠どころか、爆睡するのである。一度眠ってしまえば不思議とすっきりするので、再び自主トレに合流し、終われば、一連のルーティンをこなす。悲鳴をあげる体を、なんとか持ちこたえさせるためには、そうせざるを得なかった。

でも、時には予定外に長く眠ってしまうこともあって、目が覚めると、ティー打撃の音はおろか、部員の声も聞こえない。時計の針は午前3時を回っている。慌てて部室へと駆け下りて制服に着替えたら、閉じられた校門の向こう側に自転車を放り投げ、30分間、懸命にペダルを踏み家路に着くのだ。

水の確保に策を巡らせる

毎日ひたすら続く練習のなかで、最も苦労したのが水分補給だ。さすがに僕が高校生の時代は、「水を飲むな」なんてことはなかったが、上級生は練習中、自由に水分を補給する一方、1年生だけは、水分を摂るタイミングが、かなり限定されていた。特に、夏の暑い盛りにそれは耐え難い。いかにして水にありつくか？　1年生部員にとって「水を確保すること」は、練習を乗り切る上での最重要課題だった。

グラウンドのなかでは、水にありつくのはまず無理だ。ファールボールが場外に飛び出したときがそのチャンスで、ボールを探すふりをしてグラウンドを飛び出し、周辺のどこか見つかりにくい場所に隠しておいたペットボトル入りの水を飲んだりするのは誰もがやっていたことで、それが叶わないときには、田んぼの水にさえ口をつけた。とにかく、一度グラウンドの外に出る理由が必要だったのだ。

練習中に凡ミスを繰り返したときなど、「走っとけ」の一言で、外周を延々と走るペナルティーを課せられることもよくあったが、実はこれが水分補給のまたとない機会でもあった。練習場の周辺には、平安高校野球部を気にかけ、応援してくれる人たちがいた。加えて、外周のコースには、グラウンドからは目の届かない、死角になる箇所がある。その死角の方向にある工場の人も野球部の事情はよくご存じで、門の前に大きなヤカンを置き、大量の水を入れておいてくれるのだ。これは本当にありがたかった。それ以外にも、近くには雨水を溜めておくタンクもあったので、外周を走る間、ずいぶん助けられたものだ。

ただ、この「走っとけ」は、「もういい」と言われるまで続くものだから、いつ終わるのかわからない。ついつい水を飲み過ぎて、お腹がたぷたぷになってしまうという一面もあったのだけど。

冬場の練習は必死のチーム戦

高校時代の練習の厳しさは、もう毎日のことなので、エピソードを連ねると膨大な量になってしまうが、オフシーズンに入って体力づくりに主眼を置く冬場の練習は、また別格のキツさだった。

なかでも、よく覚えているのが、「フットワーク」の名で呼んでいた下半身強化のメニューだ。チーム内で足の速いメンバーがリーダーとなって、じゃんけんをし、勝った者からメンバーを指名し、7つから8つのチームを作る。さまざまなトレーニングメニューを、そのチーム対抗で競うのだ。各種目の順位を得点化し、最も成績の良かったチームは、ご褒美として、ペナルティーを免除されるのだが、2位以下になると、お約束の「フットワーク」が待ち受けている。

リズムに合わせて「1、2」のタイミングで右足、左足を踏み、「3」のタイミングでお尻を深く、かかとのあたりまで沈ませる。これを1回として数えるのだが、50回でもやれば、かなり脚にこたえるこの種目を、2位のチームにはいきなり300回のノルマが与えられるのだ。そこから順位を下げるに従って、その数はどんどん増えていく。最下位のチームにでもなろうものなら、1500回ぐらいは課せられただろうか。とにかく1位で勝ち抜くしか、免除される術はないのだから、必死だったことを覚えている。

そんなオフシーズンの厳しいメニューのなかで、僕が現在も続けているのが、縄跳びだ。瞬発力も鍛えられるし、筋力アップや体幹へのトレーニング効果もあるので、スポーツ選手にはぜひおすすめしたい。ただし、単調に跳び続けるのではない。

まず、二重跳びを1回やって次に一重跳びを1回挟む。次は二重跳びを2回で、一重跳びを1回という風に、二重跳びの回数を増やしながら10回まで跳び、今度は数を減らして、1回目に戻るのだ。一瞬の判断力と、対応力が求められるので、やってみるとなかなか難しいことを理解していただけると思う。どこかのカウントで失敗したら、また最初からやり直しを自分に課すのだ。

高校時代は毎日取り組んでいたから、難なくこなしていたが、今は「よし、やるぞ」と気合を入れてからでないと、なかなかうまく跳べないものだ。

あらためて母に感謝する

こんな野球漬けの日々を送る息子を、母は毎日、寝ずに待ってくれていた。疲れて、眠くて、帰宅してからの時間をどう過ごしていたのか、今ではほとんど覚えていないのだが、夕食なり、夜食を用意してくれていて、眠る直前にそれを食べていたのだと思う。

ほんの3時間程度、短い睡眠をとったら、あっという間に起床し、朝食を摂って朝練習のために再び学校へと向かう毎日だ。

「はよう起きいやー」

母の声で起こされ、食卓に向かうと、その日食べる分のおにぎりなども、しっかり用意されている。母は一体、いつ眠っているのかと思いたくなるほど、野球部員の毎日を支えてくれた。3年間、それはさぞかし大変だったでしょう……というのは正しくない。僕の兄も平安の野球部員だったことは先述したが、なにしろ4歳違いなので、兄弟は高校時代を共有しない。母は、兄の高校時代の3年間と、僕の3年間、実に6年間も、こんな暮らしを送ってきたのだ。

信じられないかもしれないが、兄が同様の暮らしをしていた頃、中学生だった僕は、家で兄と一度も顔を合わせることがなかった。それも同じ部屋を使っていたのに……。深夜(未明)の帰宅と早朝の登校で、一つ屋根の下で暮らす兄弟さえもすれ違う生活を、当たり前のように支えてくれた母。自分が父親になり、子どもの習い事やスポーツに、保護者として関わる妻の苦労を間近で見る今、母はさぞかし大変だっただろうなと思う。本当に感謝しかない。

練習相手は「全国レベル」

平安のように「強豪校」と呼ばれるチームには、練習試合の申し込みが次々と舞い込む。春季府大会から夏の選手権にかけての対外試合が認められている間など、週末は、ひたすら練習試合だ。日々の練習で身につけたものは、試合で発揮されてこそチームの力となる。指導者にとっては、夏のベンチ入りメンバーを決めていくための大事な選考の機会だ。遠方から平安のグラウンドへやって来るチームもあれば、こちらから出向くこともある。

地域によっては、連休などを利用して、宿泊を伴う遠征が組まれることもあるが、平安の場合、日帰り圏内に強豪校がひしめいている。ざっと名前を挙げるだけでも、PL学園や智辯和歌山、報徳学園、大阪桐蔭、履正社など、甲子園の常連校があり、これほど強力なライバルと練習試合ができる地域も珍しい。

そこに在籍する選手は、間違いなく僕が追い求めた「全国レベル」の者ばかりだ。日本一を目指すには、この関西勢の強豪を、甲子園で破らなければならない。

チームワークの大切さを痛感

高校では主に、現在の自分の基礎となる外野手と、投手を兼任して練習に取り組んだ。入部直後に足首を捻挫し、1カ月ほどの別トレーニングを余儀なくされた時期はもどかしい思いもしたが、以降、高校時代に大きな故障をすることはなかった。1年生の秋からベンチ入りを果たした僕は、1999年の第71回選抜に、背番号8を背負って出場した。平安にとっては2年ぶり、33回目の出場だった。この大会では準々決勝でPL学園に敗れたのだが、自分たちの野球が全国に通用することは実感できてもいた。ただ、この大会は、先輩たちの力で出場できたようなもので、自分にとっては「連れてきてもらった」との思いが強かった。自分たちがチームの中心選手となり、甲子園に導くことによって、実力が認められ、次の野球人生が開けるのだと、改めて強く思った。

最上級生になった年の平安は、一言でいえば、チームとしてのまとまりを欠いていた。レギュラーを務める同期たちは、いずれも実力者が揃っていて、どんどんプレーヤーとしての能力が高まっていた。戦力だけを考えれば、十分に甲子園を狙えるはずだったのだが、なまじ個々の力が高いだけに、信じるところは自分の力。それを一枚岩にまとめられる人間がいなかった。

いや、誰もが「このチーム状況は良くない」と思っていたのに、どうしたらそれを良い方向へ向けることができるのか、これまた誰も分からないでいたのだ。

中学時代に、何も考えず自分のためだけに野球をしていたことは、僕の野球人生のなかで悔やむところだが、それは、この時代の各メンバーにも言えることで、自分のことにさえ集中していれば、それが試合の結果に結びついてきた。「チームワーク」なんて、考えもしなかったのだ。

個々の力が最大限に発揮されるのは、それぞれが役割を自覚し、全員が同じ方向を向くチームワークがあってこそだ。これができていないと、いくら能力の高いメンバーが集まっていても、いずれ行き詰まりはやって来る。そのことに、今更ながらに気づいても、長く自分のことだけを考えてきた人間に、いきなりの軌道修正はできない。第一、誰かがチームを一つにしたいと考えたとしても、そのまとめ方が分からないし、発言の仕方さえ分からない。他の者が同様の考えを持っていないと、「なんでやらへんねん」「おまえこそなんや」の対立構造となり、結果、どんどんムードが悪くなるという、負の連鎖に陥ってしまうのだ。

監督も、この代のまとまりの悪さは感じていて、話し合うことでチームの結束を高めたいとの思いがあったのだろう。3年生には、毎日の練習メニューを自分たちで考え、ノートに書いて提出するよう求められていた。その前提には「全員で話し合うこと」とあったのだが、そんな状態のチームでは、話し合う姿勢があるはずもない。そんな煩わしい手間などかけずに、誰かが決めればいいという、冷めたムードだ。

結局、練習メニューを決めるのは、副将だった僕と、あと2、3人。その場しのぎで作ったメニューでは、ゴーサインが出るわけもない。監督からは訂正をされて突き返されることの繰り返しだった。

腹を割って全員が意見をぶつけることもないまま、チームはバラバラで、夏の選手権、京都大会を迎えた。

そして、平安はこの年の京都代表となった鳥羽に準々決勝で敗れ、甲子園への道を絶たれたのである。

結ばれなかった赤い糸

高校野球に一区切りがつき、この先の野球人生を考えるとき、誰にも進学や社会人、そしてプロと、三つの選択肢が目の前に突き付けられる。夏の甲子園は叶わなかったが、選抜出場の経験もあった僕は、いくつか声をかけていただくこともあった。その情報は、現役中から自分の耳にも入って来ていた。やはり、全国の舞台である程度の成績を残しておくことは、次のステップを踏むために大切なことだ。まだまだ自分の可能性を追求したい僕は、当然、次のステージを求めていた。

そんなある日、コーチから、

「広島カープのスカウトが見に来ているぞ」

と、聞かされた。今でこそ、縁あってカープの一員でいるが、ここにたどり着くまでには、長い道のりがあった。しかし、立命館大学を経てドラフトにかかる以前、高校時代に、実はカープとの最初のかかわりがあったのだ。プロが自分に興味を持ってくれているのか。指名されるのならぜひ挑戦したい。僕は初めて、「プロ野球の世界」を意識した。

3年生の夏の大会で、僕は背番号6を背負っていた。実際に守るのは外野が圧倒的に多かったが、先輩や社会人野球の選手からいただいたおさがりのグラブで、ショートの練習にも取り組んでいた。そして、カープのスカウトは、僕をショートとして獲りたいのだという。外野よりも内野手としての素質があること、僕より2歳年上の東出輝裕さん（現・一軍打撃コーチ）と同じく、早くから内野手として開花できるだろうという、スカウトからの見立てを伝え聞いた。

そう言われれば、その話を耳にするまでの練習の経緯に、なんとなく腑《ふ》に落ちるところもあった。自分でやらせてほしいと言ったことは一度もないが、ある時期、ショートの練習を集中的にする時期があったからだ。それが丁度、カープのスカウトが見に来てくれていた頃なのだろう。

当然、高校卒でのプロ入りが可能なら、お世話になりたい。気持ちは一気にプロ入りへと傾いていったが、そこを冷静な判断で進学へと舵《かじ》を切ってくれたのが、原田監督だった。監督の目から見れば、プロとしてやっていくために足りないものがいくつもあったのだろう。

「急ぐことはない。大学、あるいはその先、社会人でやってからプロに進んでもいいじゃないか」

その言葉を冷静に受け止め、今の自分を見つめてみたとき、やはり、すべての面で、プロで通用するほどのレベルには仕上がっていないことに気づいた。プロの世界はまだ早い。自分は大学でもっと能力を磨いて、そのときにプロから声がかかる選手になっているべきだという結論に行きついた。

進学に方向を定めたら、次はどこの大学にお世話になるかだ。関西の大学からは、何校か打診をいただいていたが、1学年上の先輩で主将だった、具志賢三さんが立命館大学に進んでいたこともあり、立命館への進学を決めた。

立命館は、関西学生野球連盟に加盟する伝統校で、リーグ戦では常に優勝争いに絡む、関西ナンバーワンのチームだった。そこで野球の実力を磨き、4年後には必ず、ドラフト指名される選手になってみせる。

自分に可能性を見出してくれた初めてのプロ野球チーム、広島東洋カープと僕はこのとき赤い糸で結ばれることになったのである。

〔第三章〕

闘病を支えてくれたもの

苦しいのは自分だけではない

今や二人に一人が、がんにかかる時代だと言われている。予後（治療後の回復の見込み）も飛躍的に改善され、多くの人が社会復帰を果たしているが、僕もそうであったように、治療中は体と心に大きな負担がかかる場合がほとんどだ。

よく、健康な人からの「頑張って」という励ましの言葉は、患者にとって一番使ってはいけない「禁句」だと言われるが、まさにその通りで、治療の苦しさだけは、闘っている本人にしか分からない。

「今だって最大限に耐えているのに、これ以上どうやって頑張ればいいのだ」

これが当事者の偽らざる本心だ。多くの闘病中の人が同じ思いをしてきているだろう。どこにも悪意のない言葉が、突き刺さる。

一方、患者の日常を支え、一日も早く元気になってほしいと願う家族も、闘病の様子を間近に見ているだけに、口に出せない不安は常に付きまとい、平穏な日々ではないはずだ。抗がん剤投与や検査で病院に行く以外、自宅での療養を送った僕の場合、妻は、自分の身の回りのこと、子どもの日常のこと、すべてを当たり前にこなさなければならなかった。あんなに元気だったスポーツ選手である夫の、身動きさえままならない状態に、きっと辛い思いをしていたと思う。

病気が発覚して以降、治療を続ける過程で、妻と、その先の「仮定」について話をしたことは一度もない。「もし、俺が死んだら……」という思いが、僕の頭のなかをよぎったことも一度や二度でなかったことを振り返ると、妻も同様のことを考え、一人、苦しんだこともあったに違いない。筋力が衰え、以前のように息子を高々と抱え上げる力さえない現実に、もしかしたら、いつかその日が来るのではと、最悪の事態をイメージしたこともあっただろう。そんな日々を送るなか、お互い口に出さないからこそ、本心が見えることもある。

患者の辛さと、支える側の辛さ。今、あらためて思うのは、当事者だけがすべての苦しさを負っているのではなく、周囲の人たちの苦しみもまた大きいということだ。

闘っているのは自分だけではない。

笑うことを心掛ける

療養に入って約2カ月が経過した頃、いよいよ、リーグ2連覇を懸けた、カープの2017年シーズンが始まった。自身がいるべき場所を、テレビ越しに客観的に観るしかないことは、「生きる」ことを最優先に選択した日から覚悟したことだし、躍動する選手たちを、うらやましいとの思いで見ることはなかった。プロ野球の情報から離れたいとも思わなかった。

もう、心は一人のファンになったように「頑張れ、いいぞ」との思いだけで、カープの快進撃を応援していたものだ。だけど、そこはついつい思いが入り過ぎて、テレビ観戦で疲れてしまうこともある。そんなときは、野球中継が同じ時間帯で放送されていても、あえてチャンネルを変えて、バラエティー番組を観ることも多かった。

がん細胞など、体に悪影響を与える物質をやっつける役割をもつＮＫ細胞（ナチュラルキラー細胞）は、笑うことで増えるという。辛い時間の方が圧倒的に長かったが、テレビを観て、腹の底から笑うことで、気持ちをプラスにもっていくこともできた。だから、意識的にそんな時間を設けるようにしていた。

気遣いの人、菊池涼介

闘病中は、体がしんどいのはもちろんだが、寂しくもある。口も利きたくなくて、放っておいてほしい気分であることがほとんどだが、妻や子どもが出かけていて、家にポツンと一人でいると、孤独感に襲われるのだ。

自分からチームの仲間や友人に向けて連絡をすることはなかったが、療養中は家で横になっている間でも、常にスマートフォンを手にしていた。誰からともなく、励ましや、体調を気にかけたメールが届くからだ。たとえ調子が悪くても、短い返信ならできる。送り主は、即座に返信が届くから「意外に元気なのかな」と思うかもしれないが、そんな日ばかりではない。だけど、自分にとってはそれだけが、気にかけてくれる人へお返しできる唯一のことだった。


ただ一人、肉声で僕の調子を尋ねてきてくれたのが菊池涼介だ。


「もしもし、アカちゃん、元気～？」

いつもの調子で、明るい菊池の声が聞こえる。

「ああ、今日はかなり調子いいかな」

僕の言葉に、強がりはない。菊池との会話に、思わず笑いも出る。彼の声で元気づけられるのはもちろんなのだが、この電話がかかってくるときは間違いなく、本当に体調が良いときだからだ。

彼は、僕の妻の連絡先も知っていて、電話をかけようと思うとき、必ず一度妻に様子を尋ねていた。妻は常に僕の状態を把握しているから、電話に出られるかどうかは、すぐに判断できる。妻が無理だと思えば「今日は難しそうです」と返し、菊池は連絡してくることを控えるのだ。そんなやり取りは、きっと何度もあったのだろう。妻が「ＯＫ」の返信をしたところではじめて、あの電話はかかってくるのだ。会話が湿っぽくならないように、彼はあくまでも、普段通りの話し方で接してくれる。

彼はそんな男だ。細やかに、まずは相手の立場を考えてから行動する。治療の経過や様子は尋ねたいけれど、僕の体の負担になってはいけない。これが何よりも、彼のなかで優先されるのだ。軽い調子で語りかけてくるが、気遣いのいっぱい詰まった、菊池らしいエピソードだ。

僕は間違いなく幸運だ

がんであることを公表し、闘病生活に入って以降、全国各地から、たくさんの励ましの手紙や、丁寧に折られた千羽鶴が届けられた。カープファンやプロ野球ファンはもちろん、同じ病気と闘っている人、また、その家族の方から送られてきた手紙は、一つひとつが胸を打った。

僕はプロ野球選手で、若くしてがんにかかり、命をつなぎとめるために、必死に抗がん剤治療をしている。この先、野球が続けられる保証はないのだ。そう思っていた自分に、手紙を通して突き付けられた、さまざまな人の現実は、弱音を吐いている場合ではないと、目を覚まさせてくれた。

もっと若くしてがんと闘い続ける人、生きるために脚を失った人、先天的に障害をもっているけれど、日々、前向きに生きている人など、自分なんかより、はるかに過酷な状況にある人が、僕を励まそうと手紙を書いてくれている。また、ある手紙には、僕が治療する姿に「父も同じ病気です。赤松さんを見るたびに勇気づけられ、病気と闘う元気をもらっています。だから赤松さんも、絶対元気になってください」とのメッセージもある。健康な人にかけられる「頑張って」の言葉は、最大限に頑張っている患者にとって時に辛いものだ。でも、同じ境遇にある者同士だと、互いの気持ちが分かるから、素直に受け止めることができるのだ。

胃の半分を切除して苦しい思いをしているけど、同じがん患者でも、僕より予後の悪い人はたくさんいるし、手術ができないようなところにがんができてしまった人もいる。それでも懸命に生きているのだ。それに、まだ自分は野球ができないと決まったわけじゃない。僕はなんて幸運なんだ。人に励まされてばかりいてどうするというのだ。

プロ野球選手だからこそ注目され、こうしてお見舞いの手紙をたくさんいただける。だけど、多くの人は孤独に病と闘っているのが現実なのだ。だから、これから先の自分がやらなければいけないのは、本当にこの病気を克服して、復活した姿をグラウンドで見てもらうことであり、「赤松真人はこうやってがんを克服したのだ」と、発信していくことだ。

軽率に、元気や勇気を与えるなんて言葉は使いたくないが、少なくとも僕は当事者側の人間で、皆さんと同じ苦しみを知っている。僕の闘いが、そんな人たちの励みになるのなら、必ずやってみせる。そう決意をさせてくれたみなさんからの手紙は、すべて大切にしまってある。

赤松、外に出る

熱や吐き気と闘いながら横になっているときは、宅配便の配達員さんが鳴らす家のベルにさえ応えることができないでいたのに、あるきっかけで、僕の気持ちに不思議な変化が起きた。

妻も留守にしていて、不意に知り合いが我が家を訪れたときのことだ。前もっての連絡があれば妻が対応したのだろうけど、家にいるのは自分一人なので、起き上がって玄関で迎えた。すると、辛くてたまらないはずなのに、そこには、あえて元気な姿を見せようとする自分がいることに気づいた。

「意外と元気そうだね」

「いやぁ、まだまだしんどいです」

そこから、笑顔を交えながら他愛もない世間話を何分かして、知り合いを見送った瞬間、気のせいではなく、身も心も軽くなって、元気になっていたのだ。これを機に僕は、少しでも体を動かせる状態なら、外へ出ようと思うようになった。

そんな考え方ができるようになったのは、抗がん剤治療のクールを重ねるうちに、その日の調子が良いか悪いか、なんとなく自分のペースが分かるようになっていたのも大きかった。治療が後半に入り、屋外が暖かいと感じるようになった、夏の少し手前だっただろうか。その頃から積極的に外出し、時には軽い練習だってできるようになったのである。

大いなる反発、そして自戒

僕は、大学を卒業していない。

ここで、いきなりこんな話をするのは、僕の大学時代が大きな後悔と自らを戒める4年間であったからだ。高校時代に続いて、僕はまたしても自分本位な考えから、自らの野球人生にブレーキをかけてしまった。悔やんでも悔やみきれない現実だ。だけど、そのことを反省し、大いなる遠回りをした結果、180度の方向転換を果たすことができた。

これを読む少年たちは、けっして僕のような経験をしてはいけないし、考え方さえもってはいけない。だけど、そんな遠回りをしたからこそ分かった現実は、参考にしてほしいと思う。

立命館大学野球部は、関西学生野球連盟の強豪で、１９２３年の創部以来、31度のリーグ優勝を飾っている歴史あるチームだ。東京ヤクルトスワローズで大活躍した古田敦也さん、日本球界からメジャーに活躍の場を広げた長谷川滋利さんなど、著名なＯＢの名前がずらりと並ぶ。そのチームに、僕は「投手」として入部した。

野球の勝敗を決定的に左右するのは間違いなく投手だ。しかし、ここまでの野球人生を振り返ると、野手として、攻撃の一翼を担うことにやりがいを感じていたし、持ち前の俊足を生かしてこそ、野球選手としての自分の可能性は広がるはずだ。投手向きではないと自分でも感じていたから、監督と話し合い、外野手一本に絞り込んだ。

しかし、入学早々、僕はこともあろうに、大学が定めたルールに対して、認められもしない一方的な「ノー」を突き付け、誰が何と言おうと我が道をいくという、暴挙に出てしまったのだ。

プロ野球選手への夢は、ここで野球漬けの日々を送ることで、はじめて叶うのだと思っていた。高校時代、あれだけの練習に耐えてきたのだから、どんな練習にだって耐えられる自信もあった。目標のためなら、1日中練習したってかまわない。

ところが、入学直後に告げられた、大学と野球部の方針に、僕は唖然としてしまう。その年からのルールで、野球部員は、各学年で一定の単位数を取得しなければ、試合に出場することができないというものだ。1回生は、この1年間で最低16単位は取っておかなければ、2回生で試合に出ることはできない。

今から思えば、「野球選手である以前に、一人の学生であれ」なんて当たり前のことだ。「野球で推薦をもらって大学に入ったのだから、野球さえしておけばいいんじゃないのか?」と、思うほうがどうかしているのだが、この決定事項に僕は猛反発した。果たして、1回生の履修届は出さないまま。大学生なのに、野球の練習しかしない1回生が誕生したのである。

立命館大学の野球部は、専用グラウンドのそばに寮があった。起床時間は決まっていたが、全員で体操をするまでに、てきぱきと時間厳守で清掃をして……という、厳しい規律はなかった。現在は3時間ほどの練習が午前、午後、夜間と1日に3回設けられ、いずれか一つに参加するようになっている。当時の練習時間は、午前9時から正午頃までの一度だけで、それ以外の時間は、大学で授業を受けることになっていた。いや、正確に言えば、練習時間と授業が重なる者は、練習よりも授業を優先していた。全体練習で足りない部分は、自主トレという形で補っていくスタイルだった。

授業に出ない代わりに、練習は皆勤賞。さらに、寮の食事当番として、昼食用に皆のごはんを炊き、配膳をし、他の部員たちが授業のために大学へと出発した後、食器洗いまですべてを受け持った。

その後、翌朝の起床まではほぼ自由時間。ふらりと出かけることはあっても、その時間を授業の出席に充てることはなかった。野球部員のなかで唯一の頑固で変わり者として見られていたかもしれない。

立命館大学は、卒業するために必要な単位は定められているが、各学年の単位不足で留年することがないため、学年はエスカレーター式に上がり、4回生までは進級できる。ただ、野球部員は大学が示した既定の単位数を取らなければ、前述のとおり、試合には出られない。このルールは、厳格に適用された。

春と秋のリーグ戦前に、ベンチ入りメンバーで実戦形式の練習が行われるなか、そこに加わることは許されない。僕は専ら、守備練習時の走者など、練習台としてしか使われる場面がなかった。

1回生のときが取得単位がゼロなのだから、ルール上、2回生での試合に出ることはあり得ない。2回生の取得単位もゼロとくれば、当然、3年生のリーグ戦出場も、すべて出場はできない……はずだったのだが、さすがにそれでは、プロ野球のスカウトにプレーを見てもらうこともできないし、そもそも練習だけで終わる大学時代のなんと味気ないことか。

遅まきながら「それはまずい」と悟った僕は、3回生になってから、ついに授業を受けることを決意し、そこからはがむしゃらに勉強した。試験もレポートも本気で取り組んだ結果、前期だけで20単位以上を取ることができたのである。

やっと訪れた大学デビュー

それでも本来なら、その年の試合に出られることはない。しかしあまりに集中的に単位を取得したこともあり、大学側はその制度を開始して以来初めて、特例として試合への出場を認めてくれたのだ。

こうして、3回生秋のリーグ戦で大学野球の公式戦デビューを果たした。

野球ができればいいとしか思っていなかった自分だったのに、やはり試合に飢えていたのだろう。この秋季リーグでは、3割2分の打率をマークし、ベストナインにも選ばれた。身勝手な考え方を捨てられたことで僕の野球人生は大きく変わったのだ。これが、「大いなる遠回り」と「180度の方向転換」だ。


そうすると、人間とは欲が深いもので、もっと自分を変えたいと思うようになった。大学で2年間を無駄にしたことは大いに反省したが、もう一つ、自分で改革しなければならないものがある。高校時代の忘れもしないあの経験。自分のことしか考えられず、とうとうチームが一つにならなかった「失敗」だ。

入学後、3年目の秋にしてあらためて知ることができた試合ができる喜び。人生が変わったとさえ思えるこの出来事と清々しさは、あの悔やまれる置き土産を、何とか消化しきらなければいけないと、考えを前向きに運んでくれた。残りの大学生活で、すべきことは何なのか？

それは、自分を独りよがりの立場に置かないこと。つまり、責任ある立場に置いて、重圧を自らに課すこと以外になかった。自分本位の野球が、ことごとく自らの進む道を断ち切ってきた過去を反省し、生まれ変わるためには、それしかない。

僕は、野球部の主将に立候補した。新主将を決めるには、本人の意思表示ももちろんだが、先代主将の意見も重要視される。平安高校時代の先輩であり、立命館で主将だった具志さんからは、

「おまえ、主将やらな、あかんやろ」

と推していただき、この重責を担う立場に就くことになったのである。

それからの僕は、これまでの反省を生かすべく、チームの和を作り上げることに気を配った。さらにチームが勝つことと、自分が成績を残すために、「考える」野球を

していくことを初めて実践するようになった。

自分の感覚だけに頼り、漠然と野球をしてきたことは取り返しがつかないが、そこに気づくと、自分のプレーそのものを、一段も二段も上に持っていくことができる。

主将を務めた4回生の年、個々の素質から言えば、高校時代の仲間ほどレベルは高くなかったが、立命館大は春と秋のリーグ戦を連覇した。常に考える野球を怠らなかったことと、チームが一つになったことが最大の勝因だったと思う。

そして、その先。つまり、自身が目指す、プロへの道も開かれようとしていた。

4回生春のリーグ戦を優勝して終え、個人的にも好成績を残せたことで、その秋のドラフトで指名される可能性が出てきた。当時、阪神タイガースのスカウトが関心を持ってくれていることも伝わってきていた。

あらためて気づいた、当たり前のこと

「野球をするために大学に行く」という、自分のなかにある、凝り固まった考えで棒に振った2年間と、遅まきながら気づいた「大学あっての野球部」という、当たり前の構図に気づいただけでも、大きな収穫だった。

あらためて言うが、大学は勉強をする場所。キャンパスライフを謳歌することも、部活動も、アルバイトも、すべてその先にあるものだということだ。

現に、3回生で集中的に勉強したことを契機に、僕はその後も、4回生の後期まで、ペースを変えず、授業に出席し続けた。試験やレポート提出の際には、ノートの貸し借りやコピー作戦など、友人とのチームワークで乗り切りながら、取得単位を積み重ねていった。

さすがに、2年間の単位取得ゼロは響いて、卒業できる最低の単位数に届かなかっ

たが、それは100%、自分に責任があるのだから仕方ない。

最終的に卒業できなかったが、大学時代に学んだことは、実に多かった。

〔第四章〕明るい兆しが見えてきた

やっぱり、ダメかもしれない

胃の半分を切除する手術を受けたのが、2017年の1月5日。がんが見つかった日やステージを宣告された日など、闘病の節目となる日付は、自分の記憶から消えることはない。そして、もう一つ。チームの練習に復帰した日も、忘れることはないだろう。

7月11日。手術の日から、ほぼ半年が経過したその日、僕はチームの練習に復帰した。とは言っても、二軍の選手たちが汗を流す由宇練習場ではなく、三軍として体づくりに専念する若手や、故障者がリハビリに取り組む大野練習場だ。主治医に言われた半年という治療期間を常に意識し、この日を目指してきただけに、感慨深いものがあった。

それまでにも、体調が良いときには動くよう努め、下準備をしていたつもりだったが、まだユニフォームを着てプレーするには程遠いため、スポーツウエアでのトレーニング開始だ。トレーナーと体の状態を確認し、その日のメニューを決めることから、リハビリの道は始まった。

離脱の原因がケガではないから、筋力が戻り、野球の動きと連動させられるようになれば、時間をかけずに実戦形式の練習に入ることもできただろう。しかし、動き始めてみると、筋肉の反応が想像以上に鈍いのだ。自分の意識と体が別のところにあると言えば分かってもらえるだろうか。たぶん、普段の練習前に行うウォーミングアップほども動かなかったと思うが、半年間のブランクと治療で衰えた体には堪えた。いや、これほど動けないとは、自分でも驚くほどだった。

今後も定期的な経過観察を受けながら、できれば考えたくない「5年生存率」の、生きる確率50%に入るための闘いは続く。

2017年のカープは、開幕から若手の躍動もあり、夏場までの毎月を大きく勝ち越しながら、連覇への足場を固めていった。やはり、優勝を経験し、「勝ち方」を覚えたチームの強みというのか、1点や2点のビハインドなら、終盤にかけてどうにでもなるほどの安定感があった。「逆転のカープ」は、幾度も試合をひっくり返し、相手チームにダメージを与えていった。

このシーズン、僕の役割を担ったのが野間峻祥であり、上本崇司だ。彼らが起用される場面は、どんな風にプレッシャーをかけスタートを切るか、特別な思いをもって見入っていたものだ。試合後のコメントで、「赤松さんだったらもっと良いスタートを切っていた」などの発言を見聞きすると、嬉しくもあるが、彼らには彼らの流儀や持ち味があるのだから、そこをどんどん伸ばしてほしいと思う。

7月末までで、2位の阪神タイガースに10ゲーム差をつけて、独走状態だ。最高にムードの良いチームのなかで、自分も共に戦いたいのが本音だが、慌ててはダメだ。一度は、野球よりも「生きること」を優先した自分が、治療の甲斐あってこのラインに立つことができている。失いかけた野球選手としての人生のリスタートだ。

再び、野球に挑戦することができる。今、それ以上に、何も望むことはない。

連覇の場面に備える

この年、快進撃を続けるカープが唯一足踏みをしたのが8月。12勝13敗、2引分けと、初めて黒星が先行した月だ。阪神タイガースが好調だったので、一度はゲーム差も5・5までに縮まったが、客観的に見ても、地力でカープが勝るのは、疑いようのない事実だ。まさにその通り、9月に息を吹き返したカープは、9連勝をマークするなど、驚異的なラストスパートで、マジックを減らしていた。

2016年シーズン、25年ぶりの優勝が遠征先の東京ドームだっただけに、連覇の瞬間をマツダスタジアムで見届けたいファンの思いは、選手たちも痛いほど感じていたはずだ。9月14日の横浜DeNAベイスターズ戦に勝って、いよいよマジックは1となった。そしてこの日は、マジック対象となっている阪神タイガースが敗れることで、リーグ2連覇が決まることになる。

この日、僕は球団に呼ばれ、その瞬間のために、ユニフォームを来て準備をしていた。闘病明けで何ができる身でもなかったが、「ここまで元気になった姿をファンに見てもらうことは、多くの人を勇気づけることになるのではないか」という球団の意向に、自身で納得しての参加だった。だが球団からその話をいただいたときの気持ちを正直に言えば、行きたくなかった。

現役選手の立場で言わせてもらえれば、ペナントレースを勝ち抜く過程で、自分がチームに貢献できてはじめて、その存在が認められるのだと思っていたし、この場にいても、その考えは変わらない。今シーズン、自分は試合に出てもいなければ、ユニフォームさえ着ていない。優勝が決まる瞬間、互いに抱き合い、胴上げの輪を作るチームメートたちは、シーズンを戦い抜いてきたからこそ、心の底から喜ぶことができるだろう。自分には、決定的にその思いがないのだ。

だけど、この半年の闘病期間、僕はたくさんの人に励まされてきた。がん患者ではあるが、完治する見込みのある自分を、心の底から幸せだとも思えるようになった。勇気づけてくださった人たちに恩返しをするために、この場にいることが自分の使命なのだと、ごく自然に思うことができている。

カープの試合が先に終わって、阪神タイガースの試合結果を待つ間、一塁側ベンチにいる僕の姿を、中継映像でご覧になった方も多いのではないだろうか。

結果、この日は阪神タイガースと読売ジャイアンツが引き分けたため、マジックはそのままで、球場全体が大きなため息に支配された。

敗戦と、まさかの台風襲来

ともあれ、マジックは1だ。勝つことで連覇は果たすことができる。週末にかけてのデーゲームは9月16日、広島での東京ヤクルトスワローズ戦。マジック対象チームの結果に左右もされない。勝てばいいのだ。

しかし、チームの勢いがそのまま、目の前の試合を取ることにつながるとも限らないのが勝負の世界だ。この日のカープは、新井貴浩さんが第9号本塁打を放ち、チームに勢いをつけてくれたものの、8回に逆転を許し、スワローズに逃げ切られる。地元胴上げは、またしても持ち越されることになった。

「明日だ、明日」

そう思えるのは、優勝というゴールを目前にしたチームの余裕だろう。気持ちを切り替えて、明日こそ必ず決めるぞとの思いは、誰もが強く持っていたはずだ。天候と

赤松真人38。

いう、人の手ではどうしようもない壁が立ちはだからない限りは……。

台風18号の西日本への接近をニュースが告げている。水はけの良いマツダスタジアムでは、少々の雨なら試合の開催は可能だが、これが「台風」となれば話は別だ。ファンは、広島県内はもちろん、全国から足を運んでくれる。交通網が寸断されてしまうことになれば、多くの人たちへの迷惑になり、災害などに巻き込まれれば、命の危険に晒すことにだってなりかねない。

午後1時30分開始予定の試合は早々に中止となり、マツダスタジアムでの胴上げは、叶わないものとなりそうだ。チームは、甲子園へ移動して、阪神タイガースと戦うことになった。3日連続でスタンバイしていた僕も、甲子園へ同行した。

9月18日、甲子園球場。

阪神タイガースでプロデビューし、人的補償として広島東洋カープに移籍した自分が、戦力としてではないけれど、特別な立場を与えられ、この場にいることが不思議だが、ここを本拠地にプレーしていた時代も、多くの人から声援をいただいていたのを思い出す。

近年、レフトスタンドを中心に、その数をどんどん増やしてきたカープファンが、この日も大勢詰めかけていた。スタンドの半分、いや黄色ベースの阪神ファンに交じって、いたるところに、赤をまとった人たちの姿がある。ここは、もはやカープにとって、アウェーではない。「今日こそ決める」との思いで、試合前のナインにも気迫がみなぎっていた。

試合は、カープが4回までに2点を挙げて進むが、なかなか追加得点の機会をうかがえず、一度は2対2の同点に追いつかれた。8回にバティスタが放った、勝ち越しタイムリーの1点を守り切り、9回のマウンドには中﨑翔太。最後の打者をショートフライに打ち取った瞬間、球団として37年ぶりのリーグ2連覇を果たした。

割れんばかりの拍手と歓声のなか、3塁側ベンチを飛び出したナインが、マウンドで大きな輪を作る。この年の8月、骨折で戦列を離れた鈴木誠也も、スタッフの肩を借り、少し遅れて加わってきた。もちろん僕も、そのなかにいた。

優勝会見に続いて行われた、2年連続のビールかけにも参加させてもらい、目いっぱいはじけた。今回の優勝に自分が関わっていないことに複雑な思いはあったが、ビールかけは格別だ。緒方監督からビールを浴びせられ、大きなゴーグルで重装備の菊池とビールをかけ合う。インタビューのマイクを向けられた僕は、

「早く帰って来られるよう頑張ります」

と答えた。こんな思いを、もう一度、戦力として味わいたいのは本心だった。そして、これら一連の中継映像を見た人たちからの反響は、想像以上に大きかった。

知り合いからは「君のユニフォーム姿を見て涙が出たよ」と連絡をもらうし、以前にも増して、「勇気づけられました」「自分も病気に負けません」と書かかれた手紙が届くようになった。あの場にいることは、本意ではない。だけど、自分に言い聞かせた、あの場に立つことで発信する役割を考えれば、少しはそれを果たせたのかもしれ

ない。そう思うと、「立ち合えてよかったな」と振り返ることができた。

指名されるのか?

大学での公式戦日程をすべて終えてほどなく、運命のドラフト会議当日。阪神タイガースから本当に指名されるのであれば、順位がどうあれ、お世話になると決めていた。そもそも、さんざん回り道をしたものの、大学で野球をする道を選んだのは、プロへの道を切り開くためだったのだから、入ってからが勝負だ。まずは、その舞台に立つこと。それが第一だった。

いよいよ各チームの指名が始まった。立命館大野球部の寮には、マスコミの方が詰めかけ、食堂が会見会場として用意された。これまで何度も見てきた、指名の瞬間を待つ選手の立場として、僕はテーブルについていた。この年の同期には、プロ野球界から注目された選手が何人かいたが、順位はどうあれ、指名の可能性を示唆されていたのは、僕一人だけだった。

とはいえ、ドラフト会議では、他球団の指名との兼ね合いもあり、一つの球団の指名プランが、そのまま実現するとは限らない。1位指名の競合で抽選に負ければ、外れ1位を再指名するし、そこでもダメなら……という具合に、限られた時間と駒の取り合いで、風向きはコロコロ変わるからだ。やはり、待っている間はそわそわしてなかなか冷静にはなれなかった。

指名が、1巡目から2巡目、3巡目と続いていく。4巡目……5巡目……チームにとって、新戦力の選択がそこまででOKなら、指名が打ち切られてもおかしくないあたりにまでやってきた。「頼む、指名してくれ」が正直な気持ちだ。少しずつ、指名の可能性が遠のいていくのを感じ、不安感が募り始めた頃だった。

「赤松君、おめでとう。阪神に6巡目で指名されたよ」

その言葉をかけてくれたのは、取材に来ていた記者の方だった。その人が手にした携帯電話の速報画面を見せてもらった時、初めて指名されたことを理解した。

会見会場が指名のアナウンスに沸き、一斉にカメラのフラッシュが光るという場面を想像していただけに、いささか意表を突かれた感はあったが、カメラマンのリクエストに応えて笑顔でポーズをとる瞬間、やっと、実感が沸いてきて、嬉しかったのを覚えている。

小学生で始めた野球をここまで積み重ねてくる間には、それぞれの時代でいくつもの後悔を残してきたが、それらがあったからこそ、軌道修正しながらここまでやって来られたとも思う。すべては、プロ野球選手になるための試練だったと思えば、報われた思いだ。直接尋ねたことはないが、厳しい高校時代の日々を支えてくれた両親も、嬉しいと思ってくれたに違いない。こうして、阪神タイガースの赤松真人が誕生した。やっと、憧れの世界のスタート地点に立つことができたのである。

レベルの差に愕然

入団1年目の春季キャンプ、僕は一軍に帯同して沖縄県宜野座村に入った。今や、九つものプロ野球チームがキャンプに訪れる沖縄県だが、もともと阪神タイガースは、高知県安芸市で、一、二軍ともに長くキャンプを張ってきた。そして、2003年から一軍が宜野座にキャンプ地を変更した経緯がある。温暖な気候の沖縄で、開幕に向けた練習が繰り広げられるこの場所で、僕はいきなりつまずくことになる。

小学生の時代から大学野球まで、それぞれの時代を重ねる間、何度も後悔をしてきたことはお伝えしてきた。自分の野球だけを追い求めて周囲に目を向けることをせず、結果、チームとしての成績を残すことができなかった中学、高校時代。

野球をしたい思いだけが先走りして、学内のルールに背き、大いに遠回りした大学時代と、よくもここまで、やらかしてきたものである。それでも念願のプロとなれば、いよいよ輝かしい場所を目指して、努力の日々が始まる……はずだったのだが、晴れてプロとなった途端、大学の1回生だった頃の気持ちに戻ってしまったのだ。

つまり、これまでの後悔から得た教訓を生かすこともなく、野球をすることだけに集中するという考えに支配されてしまった。例によって、自身の感覚のみに頼ってプレーすることに専念する。そこにはまたしても「考えながら取り組む」ことが欠落してしまっている。

このチームでレギュラーを獲得するには何が足りないから、どう取り組むべきなのか。そんなことは一切、頭の中から消えてしまっていたし、そもそも、レギュラーを目指すことさえ、考えもしなかった。

もちろん、これまで経験したことを忘れてしまったわけではない。アマチュアとプロの境界線を越えて一歩踏み出したものの、プロのレベルがあまりにも高く、何をどうすれば良いのか、自覚させる余裕を奪われてしまったからだ。今思えば、あのときこうしておけば良かったなと冷静に振り返ることもできるが、右も左もわからないルーキーには、決められた練習メニューを、ひたすらこなすことしかできなかった。

当時の阪神タイガース外野陣は、センターに赤星憲広さん、レフトには広島東洋カープからのＦＡ移籍後３年目を迎えた金本知憲さんが、絶対的な外野のレギュラーとして君臨していた。恐れ多くて、とても自分から話しかけることはできないが、外野の守備練習につけば、このリーグを代表する二人のプレーを、すぐそばで見ることができる。そのレベルの高さには、ただただ驚くしかなかった。

そもそも、練習量そのものが、大学時代とは比べ物にならない。練習に皆勤したとはいえ、立命館大野球部の練習は、１日３時間ほどで、それ以外の時間は、自主トレをしようが、遊びに出かけようが、本人に任せられていた。それがどうだ。全体でのウォーミングアップに始まり、分刻みで組まれた１日のスケジュールは濃密で、息つく暇さえない。特守、連係プレーに特打、居残り練習。夕食が終わればほどほどに、夜間練習が待っている。

仕事として取り組むのだから当然とはいえ、まさに野球漬けの1日だ。大学で身についた習慣は、日付が変わるまで練習したあの高校時代の練習量を忘れさせるに十分だった。プロ1年目のキャンプは、初日から音を上げそうになるほどキツかった。

当時のタイガースで、スピードスターと言えば赤星さんだ。小柄な体ながら、その俊足と瞬時の判断力は、誰にも真似できない。3年連続60盗塁をマークし、5年連続で盗塁王を獲得するなど、チームで抜群の存在感を放っていた。

右打者と左打者の違いはあるが、同じ外野手で、俊足が持ち味という共通点もある。当時は、漠然と憧れの気持ちを抱いていたから、守備練習で一緒のグループに入るときには興味津々だ。そして、そこでプロの実力を目の当たりにするのである。自分のなかでは、足が速いというイメージだけが先行していた赤星さんの、肩の強さと言ったらどうだ。矢のような送球とは、こういうことかと納得した。

約2カ月先のシーズン・インを目指すキャンプの初日で、すでに仕上がっていると言えるほどのプレーには、唖然とするばかりだった。キャンプに向けて、入念なトレーニングを積んできた賜物だろう。赤星さんとの関わりについては後述させていただくとして、いきなり思い知らされた一流選手との違いは衝撃的だった。

そして、体力も心掛けも、すべて足りていない自分が情けなくなる出来事は、第一クールの3日目に起きた。

故障離脱から二軍へ

厳しい練習が繰り広げられる春季キャンプは、三勤一休。3日間の練習の後、1日の休日を設けて続けられる。いかに体を作って臨んだ現役選手でも、クール3日目となれば、かなり疲れが蓄積するので、見た目にもパフォーマンスが落ちてくる。土台をもっていない新人選手ならなおさらだ。

現に、2日間の日程を消化した時点で、体は疲労のピークを迎えていた。でも、多少の無理をしてでも、元気なところをアピールすることで、「赤松、なかなかやるな」と首脳陣に印象付けたい。午前の守備練習で、いいところを見せたいと思った僕は、捕球後の返球に、思い切り力を込めた。その瞬間、背中に切り裂かれるような痛みが走ったのである。左の広背筋あたりに感じたその痛みは、これまで経験のないものだった。

その日は、痛みをこらえながら、なんとかすべての練習をこなしたが、1日の休日を挟んで回復するようなものでないことは、自分が一番分かる。練習後、トレーナーに相談し、病院で肉離れの診断を受けた。一軍帯同で始まった春季キャンプは、この時点で終了。二軍が練習を続ける、高知県の安芸キャンプへ合流することになった。

痛めた箇所が箇所だけに、この後は、長いリハビリを続けなければならない。本格的に練習を再開できたのは、春季キャンプも終わってオープン戦が本格化する、3月中旬頃だった。

二軍デビューで好成績。しかし……

プロとしての実践経験が乏しいまま迎えたその年のウエスタン・リーグ開幕戦。その試合は、イースタン・リーグの開幕戦でもあり、交流試合の形で、読売ジャイアンツと対戦した。

場所は、神奈川県川崎市のジャイアンツ球場。スタメンには入ることができなかったが、途中の守備から9番の位置に起用された。初めて対戦するプロの投手は、同期入団の野間口貴彦だった。この試合、タイガースは野間口から4点を奪い、勝利するのだが、僕自身は2打数1安打で、1打点を挙げていた。打撃好調の手応えを感じてもいたので、以降の試合でも安打を重ねていき、塁に出れば積極的に走り、脚を生かした長打も稼いだ。打順も下位から徐々に上がっていき、1番、センターという位置に落ち着いた。

プロ1年目のこの年は、フレッシュオールスターの出場選手にも選ばれ、二軍のチームでは定位置を獲得することができていた。10月4日に、代走として一軍デビューを果たし、初盗塁をマークしたものの、出場はわずか2試合。二軍暮らしが大半では、どれだけ成績を残しても、プロとしての評価につながることはないのだが、この年は、ウエスタン・リーグで83試合に出場し、打率．363、7本塁打、29盗塁の数字を残して、首位打者、盗塁王、最多得点、最高出塁率（．444）という、四冠の成績を残した。「プロでもやっていけるのかな」というかすかな自信が、プロ入り後しばらく忘れていた「考える野球」への欲を呼び起こしつつあった秋のキャンプ。ここで、またしてもつまずきが訪れる。

それは、いきなり浮上した二塁手へのコンバート案だった。当時、阪神タイガースの一軍では、二塁手のポジションで、藤本敦士さんと関本健太郎さんが併用されていて、どちらかに固定されるには至っていなかったから、ここを固めることが、次のシーズンへ向けたチームの急務とされていた。

そこで、ウエスタン・リーグでとはいえ、打撃成績も残し、俊敏性も備えている僕の二塁手での可能性を試してみようという発想だ。やっと自分の目指す野球が見え始めたところに突然のコンバート。これまでに内野手の経験があるとは言え、アマチュアレベルを超えるものではない。所詮は「かじった程度」だ。自分に務まるのだろうか。

案の定、守備練習に入ってみると、情けないほどに「下手くそ」なのである。捕球技術はもちろんのこと、二遊間は、併殺、ベースカバー、外野からのカットに入るなど、その役割が多彩だ。何より、サインプレーの大事なところを担うのだから、覚えるべきことが山ほどある。動きが良いからといって、いきなり対応できるポジションでもない。

こともなげにプレーしているように見えるプロの内野手は、とてつもない選手たちなのである。プレーする以前に、頭がパニックに陥り、何をやってもうまくいかない。それに合わせるように、打撃の調子も一気に下降していった。

二塁手での練習は、翌年の春季キャンプまで続いたが、悪循環に陥っていた僕の姿は、首脳陣に伝わったのだろう。結局、コンバートの構想はそこで終わった。チームの期待に応えられなかったのは申し訳ないが、せっかく外野手として飛躍する可能性を見つけた時期だっただけに、自分としては、もったいない遠回りをしてしまったと思う。

赤星さんの姿勢に学ぶ

甲子園球場のファンは、言うまでもなく熱烈な応援で知られる。グラウンドから見渡すスタンドの360度、すべてが黄色に染められているほどだ。プロ1年目にデビューし、2試合の経験をしたが、この光景に圧倒されるのかと思えば、そうでもなかった。ずいぶん肝の据わった男だと思われるかもしれないが、それは違う。自分が一軍のベンチ入りメンバーに入っていること自体に緊張しているものだから、周りのものに意識がいかないのだ。代走起用を告げられ、1塁ベースに立っても、大歓声など聴こえない。ただただ、自分の果たす役割のみに集中していた。

2年目のシーズンは、ウエスタン・リーグで3割の打率を残す一方、一軍からお呼びがかかる機会も増えてきた。もちろん、試合終盤での代走要員としてのスタンバイがほとんどなのだが、ベンチで控えている間、先輩選手たちの、プロとしての姿勢に、多くのことを学ばせてもらった。

同じポジションの赤星さんを見ていて驚かされたのは、プレーの素晴らしさ以前に、いかに緻密な準備をして試合に臨むかということだ。各チーム担当のスコアラーがもたらしてくれる対戦相手の分析を、頭に叩き込むことを徹底している。打者としてなら、投手の球種や捕手のリードの傾向から、走者を背負ったときの配球、セットポジションでのクセなどがそうだし、守備の面から言えば、相手打者の打球方向の傾向に、その日投げる投手の配球を加味して、ポジショニングを変えるなど、周到な準備こそが、試合の大事な場面で生かされるのだ。

広い外野の定位置から、1歩か2歩及ばない打球に、事前に対応していれば、そのわずかな距離を縮めることができる。よく「球際に強い」と表現される選手は、常に頭のなかにあるデータを駆使しながら、アウトにする可能性を追求しているのだ。それは、見た目に派手なファインプレーにつながり喝采を浴びることもあるし、まるで凡フライを軽くさばくような「普通」のプレーに見えることもある。

赤星さんは確かに、自分で投手のクセを見抜く能力に長けていたし、打球の判断だって誰より早い。走ることに関しては言うまでもないだろう。そこにデータを持ち込み活用することで、阪神タイガースのセンターを不動のものにしてきたのだ。

ここまで野球にデータが重要視されるなんて、自分がまったく知らなかった世界だ。プロに入ってからだって、打つこと、走ること、守ることのすべてを、ぶっつけ本番でやってきた。この時点で、自分と赤星さんの差は埋めようもないほど大きい。プロで、一軍のレギュラーを張る人というのは、きらめくパフォーマンスの陰で、これほどの努力を積み重ねているのだ。

一軍帯同の機会が増えるに連れて、赤星さんと話をする機会も多くなり、練習の際には、いろんなアドバイスをしてもらった。僕が赤星さんと似たタイプだと思うことは、彼にとっても同様だったので、一番身近な師匠として、最も相談した人だった。走力を生かして持ち味を発揮するにはどうすべきか。赤星さんは優しいから、一つひとつの質問に、親身になって答えてくれた。

今、振り返ってみると、技術的な面でのアドバイスよりも、考え方や、メンタル面に重きを置いていたように思う。自分にとって欠けている部分を、いくつも気づかされ、プロとしてのあり方を勉強させてもらった。

一方、赤星さんは、輝かしい実績の陰で、度重なる故障に悩まされた選手でもあった。特に、引退の直接的な要因となった、頸部（首）の椎間板ヘルニアは、激しいプレーによるダメージが蓄積した結果だ。

外野手には、どんな難しい打球に対しても100％の力で捕りに行くタイプと、一歩手前でセーブするタイプがいる。赤星さんは前者で、僕は後者だ。2007年5月のカープ戦、ダイビングキャッチした赤星さんは、この症状をさらに悪化させ、「頸椎椎間板中心性ヘルニアによる脊髄損傷」の診断を受ける。

ダイビングプレーは、見た目にも派手で、ファンの大歓声を浴びることができるが、体へのダメージはとても大きい。僕自身も、一塁へのヘッドスライディングやダイビングキャッチで、首や肩を痛めた経験がある。体へのダメージは、その瞬間には感じなくても、時間の経過とともに、じわじわと、または突然襲ってくる。

ダイビングすることの危険は、医師からも忠告を受け、本人も十分に分かっていたはずだ。あのプレーを振り返り、本人は「体が思わず反応してしまった」と話していたが、ベンチから見ていた僕の印象では、危険を承知で「行ってしまえ」と打球に向かったように見えた。

赤星さんが登録を抹消されて、センターのポジションには僕が入ることになった。

赤星から赤松へ。やがては追いつき、後継者と呼ばれるようになりたいと思ってはいたが、その機会は、赤星さんの故障離脱という形でやってきた。チームにとっては損失だが、自身にはチャンスだと、捉えなければいけない。3年目のシーズン、一軍では、28試合に出場し、8盗塁を記録した。だがこの年、ウエスタンでも成績を落としていた打撃面では苦しみ、打率は1割台にとどまった。

復帰後、赤星さんは、選手生命を左右する爆弾を抱え、それでも試合に出続けた。球団からは、今後同じようなことが起きた場合、引退を勧告すると言い渡されていたそうだが、野球への情熱が失われることはなかった。

僕がカープへ移籍した2008年には、全試合に出場し、打率も.317をマークするなど、完全復活を印象付けた。

２００９年9月12日、横浜ベイスターズ戦で負った「中心性脊髄損傷」が決定的な引き金となり、赤星さんは引退を余儀なくされたが、９年間のプロ生活を、輝かしい数字とともに駆け抜けた、憧れの選手だった。チームは変わったが、赤星さんからの教えは、自分の野球人生のなかにも生かされている。

〔第五章〕

再起への挑戦

恐怖心との闘い

2017年7月11日に練習を再開して以降、もっぱら大野練習場で、体と相談しながら孤独なトレーニングは続いた。大野では、スペースの都合上、なかなか長い距離を走ることができないことに物足りなさを感じていたし、自分の野球に対する感覚がどれほど戻っているかを確認したくもある。そんなときは、岩国市にある由宇練習場での練習に合流させてもらった。

やはり、元気な声が飛び交うグラウンドはいいものだ。若い選手たちと同じメニューをこなすなんて、今の自分にはとても考えられないが、半年余りを経て、こうしてグラウンドに立つことができるということは、神様が野球に再挑戦する機会を与えてくれたのかもしれない。

ただ、レベルを大きく落とした自分がその場に戻ってみて、復帰への道のりが険しいことはすぐに露呈してしまった。正直、野球選手としての復帰は無理なのではと、周囲に本音を話したこともある。それほど、体力と、身につけた自分なりの感覚が衰えてしまっていたからだ。球場課のスタッフとキャッチボールをするだけで怖いと思っていたほどの自分が、再びプロ野球の第一線に戻ることができるのだろうか？

この恐怖心は、生きた打球に触れることでいよいよ本物だったと痛感させられた。そして、その後しばらく自分に付きまとい、不安を助長することになるのである。

野手陣が2カ所に分かれて打撃練習をする間、外野に入ってその打球を追う練習をしていたときのことだ。弧を描く平凡な飛球にライナー性の打球と、とにかく怖くて仕方ないのだ。特に、メヒアのようなパワーヒッターが打ち損じた、どこまで上がるのかというぐらいの高いフライには、とてつもない恐怖を覚えてしまう。「こんなに打球って速かったかな？」「滞空時間ってこんなに長かったのか？」……、自問自答しながら、表情は平静を装うのだが、内心は恐怖と戦っていた。

「動けるじゃないか、いいねえ」

一応、見た目には軽快に動いているように見えるのか、仲間やコーチ陣から声が飛ぶ。いや、ブランク明けの自分への、リップサービスも含まれてはいただろう。ただ、この年齢になれば、こともなげに動いてみせて、打球への入り方を早くしてみたり遅くしたりと、周囲に悟られないようなごまかし方もできるものだ。でも、そんな風に装うことが何より辛かった。

運命が動き始めた

野球人生のなかでの大きなターニングポイントと言えば、新井貴浩さんがＦＡ宣言をして阪神タイガースに移籍する際の「人的補償」として、突然、広島東洋カープへの入団が決まったことだろう。

金本さんが抜けた後のポイントゲッターとして、カープの中核を担ってきた新井さんが、ＦＡ権を行使して移籍を表明したのが２００７年12月７日。その頃の僕は、入団以来生活をしてきた二軍寮を出て住まいを構え、妻と暮らし始めていた。

妻とは大学の４回生のときに知り合い、長く友人の一人だった。阪神タイガースに入団後に交際が始まり、この年の12月５日に入籍したばかり。新婚ほやほやの状態である。京都で大学生活までを送ってきた僕と、大阪府出身の妻、どちらも関西を離れたことがない者同士だった。いや、正確に言うと、妻は子どもの頃、１年だけ広島で暮らしたことがあったそうなのだが。


阪神タイガースへの移籍が決まった新井さんは、カープのなかでもAランクの選手だったから、受け入れ側のタイガースは、移籍してきた選手に支払う年俸を保証すると同時に、その補償選手を送り出すことがルールで決められている。その代わり、「この選手は、補償選手として出せません」の意思表示に、28人の「プロテクト」選手名簿を先方に提出し、除外してもらうことになっている。近年、FA移籍する選手が出てくるたびに、マスコミやファンの間でも、根拠に乏しいプロテクト予想がネット上に氾濫するから、皆さんもよくご存じだと思う。

入団4年目を迎えたばかりの自分が、果たしてプロテクトされるのか？ キャリアの近い選手たちは一様に、「もしかしたら俺かも」と疑心暗鬼に襲われるものだが、この時点では、根拠のない噂で「カープは若い投手を欲しがっている」という話が、選手間に広まっていた。確かに、育成力に実績のあるカープが、伸びしろのある投手を求める可能性は高い。

それに、当時のカープ外野陣は、ベテランの域に入った緒方孝市さん（現監督）や、この年、通算2000安打を達成した前田智徳さん、2004年の首位打者、嶋重宣さんに、廣瀬純さんだっている。若手で売り出し中の天谷宗一郎もブレイク前夜だった。この充実した布陣のなかに、大した実績を残せていない若造など、入り込む余地があるだろうか。だから、「まさか俺が選ばれることはないだろう」とさほどこの件に関して真剣に考えていなかったのが正直なところだ。

ところが、運命の歯車は、ここから一気に回り始める。

2008年の春季キャンプに備えて、自主トレを重ねていた1月7日。前触れもなくその一報は届いた。その日、実家のある京都からだったか、大阪にある妻の実家だったか、どちらにしても、兵庫県西宮市鳴尾浜にある練習場に車で向かっていたとき、着信を受けた。車を停めて発信元を見ると、球団からだ。

一瞬にして状況を把握した僕は、すぐさま折り返し球団へ電話を入れた。

「今、どこにいる？」

「鳴尾浜に向かっているところです」

「ちょっと、スーツ着て来てくれるか？」

「もしかして、アレですか？」

「ああ、まあ……来れば分かる」

はっきりと言われないが、新井さんの人的補償の件だと答えてもらったようなものだ。電話を切ったとき、車の窓は白く曇って外の景色が見えないほどになっている。たぶん、球団からの電話だと確認した瞬間、答えを聞くより早く、体から汗がどっと噴き出したためだろう。頭のなかも真っ白だ。

指定されたホテルに出向き、あらためて呼び出しの理由を説明された。これを現実だと受け止めた後は、その足で鳴尾浜の練習場に向かい、そこにいた選手たちにことの経緯を伝えた。同時にそれは、阪神タイガースへの別れの挨拶でもある。

寂しさはあるが、もともと僕は、自分に起こるさまざまなことについて「なるようになるさ」と前向きにとらえることを信条としている。自分は、求められてカープに行く。野球人として開花するかどうかは別にして、きっとこれはチャンスなんだ。そう受け止めることに、気持ちを切り替えた。

それから後は、もう、怒濤《どとう》の流れでスケジュールが進んでいった。

この決定について、結婚したばかりの妻はどんな反応をするだろうか？　ストレートに伝えるとかなりのショックを受けるかもしれない。いろんなケースを想定しながら帰宅し、

「広島」

とだけ伝えた。さすがに驚いた表情は見せたが、残念がることも、悲しむこともなかった。彼女のなかにも、もしかしたらという予感はあったのだろう。せっかく片付いた新居を、すぐさま引っ越さなくてはならないのが申し訳ないが、すぐに広島での入団会見も開かれることになっている。

2008年1月9日。僕は、広島東洋カープの赤松真人になった。

カープの赤松誕生

1月9日、広島市民球場内にある球団事務所で、入団会見に臨んだ。新井さんの代わりになることはできないが、自分の特徴を生かしてチームに貢献したいと、インタビューに答えたと記憶している。この年は、長年カープが本拠地として使用してきた、広島市民球場最後の年でもあった。翌年からは、マツダスタジアムが新たな活躍の舞台となる。第二のプロ人生をスタートさせるには最高の舞台だ。当時、チームの指揮を執っていたマーティー・ブラウン監督からも、期待の言葉をもらい、新天地でのレギュラー獲りに、決意を新たにした。

1月15日の合同自主トレ初日に大野練習場へ出向き、新たなチームメートたちに挨拶を済ませたら、今度は広島での住まい探しだ。キャンプ・インまでには時間がない。球団から紹介された不動産業者のお世話になりながら、妻とともにマンションを探しまわり、何とか生活拠点を見つけた。慌ただしく1月が過ぎてゆき、2月1日のキャンプ・インを迎えることになる。

当時、広島東洋カープの一軍が、一次キャンプを張るのは沖縄市。このキャンプに帯同させてもらった自分は「カープ1年生」だ。その練習量は阪神タイガースよりも多く厳しいが、ここで、新人時代のように、慣れない環境に面食らっているようではダメだ。練習をこなすことだけに専念していても進歩はない。赤星さんから教えられたプロとして取り組む姿勢は、自分で考えながら行動することだ。

決められた練習のなかでも、自分がこうしたいとか、ここを突き詰めたいと思うことを言われる以前に行動に移すことはできるはずだ。何事も1年目が大事だということを、身に染みて分かっているだけに、今度こそは無駄にしない。ウォーミングアップのメニュー一つ取ってもそうだし、キャッチボールにしても、考えながら取り組む。

そう決めると、不思議とコーチからも細かな指示が出されないものだ。練習のすべてに、意味を持たせることを考えながら取り組む姿勢が、伝わっていたのだと思う。この表現が正しいかどうかは分からないが、野球を楽しんでいる自分がいる。この感覚は、タイガース時代には経験したことがないものだった。

目的意識を持つと、練習が成果となって現れるものだ。移籍1年目、この年のキャンプを順調に送ることができた僕は、開幕一軍入りを果たし、シーズンを迎えた。

マーティー・ブラウン監督の下で

広島東洋カープへの電撃的な移籍が、自分の野球人生の大きな分岐点だったことは間違いない。自分のやるべきことがはっきりと見えていたし、チーム編成が大きく変わり始めるタイミングだったことも、自分への追い風となっただろう。移籍から11年目を迎える現在まで、チーム事情が刻々と変わるに連れ、自分の立場も変わっていった。それでも、この間にチームを率いた各時代の監督が、僕に責任ある役割を与えてくれたことに感謝している。

2007年の入団時、広島東洋カープの監督を務めていたのがマーティー・ブラウンだ。1992年から3年間カープでプレーし、闘志あふれるプレーでファンを沸かせた選手だった。その後、米マイナーリーグで監督経験を積み、2006年、カープの監督に就任した。現役時代の姿を覚えていない人でも、一塁ベース投げをはじめ、さまざまな抗議のパフォーマンスを覚えているはずだ。

彼は、自分がアマチュア時代から見てきた、どの監督とも違っていた。日本の野球で監督といえば、威厳があって無口で、近寄りがたいオーラを放つ人をイメージしがちだが、その対極にいたのが彼だった。

マーティーはとにかくよく動く。練習においても、監督がそこまでやるのかというぐらい関わってくる人だった。それに、選手に対してとてもフレンドリーで、「一緒に頑張っていこう」と常に話しかけてくれる。食事にも誘ってくれて、話を聞く機会を率先して作る人だ。突然の移籍で、カープのことが何も分からないでいた僕が、早くチームに溶け込むことができたのも、マーティーのおかげだと思っている。

その指導方法も、それまで経験したものとは180度違うものだった。選手個人によって、良い所、改善すべき点はそれぞれ抱えているものだが、日本の指導の下では、「苦手なところを改善する」ことにまず重点を置きがちだ。だが、マーティーは、選手の長所を徹底的に伸ばすことを最優先した。

課題点の改善に取り組まないわけではないが、それはあくまで二番目にやるべきだとの指導方針だ。アメリカ流の考え方だと言い切ればそれまでだが、この考え方は、今の少年野球の指導などにも取り入れてほしい。苦手なことを克服するのに時間をかけても、達するレベルはある程度知れている。だが、得意なことに、どんどん磨きをかけてやれば、その選手の特性はどんどん伸ばすことができるだろう。その分野で一流になる可能性だって秘めている。

本来、チームスポーツは、個性の集まりで成立するものだ。足が速いという僕の最大の武器をいかに生かすかを考え、外野のレギュラーポジションを与えてもらえたのだと思う。

一軍のメンバーに入ることができた2008年、その開幕直後のことだった。ナゴヤドームでの中日ドラゴンズ戦、代打で起用された僕は、岩瀬仁紀さんから、投手強襲の打球を放った。移籍後初安打になりそうだ。際どいタイミングに思わず体が反応し、1塁へヘッドスライディングを試みた。その瞬間、右肩に強い痛みが走ったのだ。

診断は「右肩関節上方関節唇損傷」。関節唇とは、肩の関節を安定させ、クッションの役割を果たす軟骨で、これがはがれてしまったのだ。このケガにより一軍登録を抹消され、復帰には1カ月ほどの時間がかかると言われていた。痛みで寝返りを打つことさえ難しい状況だったのだが、マーティーからは、「早く一軍に戻って来い」と催促の連絡が入る。

「今の状態ではとても投げられません」
「投げられなくても打って走れるのならすぐに復帰しなさい」

自分を買ってもらえているのは嬉しいが、このまま一軍に上がっても期待に応えられるだろうか。そんな不安を抱いたまま、4月の中旬に再登録された。

迎えた4月29日からの読売ジャイアンツ3連戦。初戦の先頭打者として打席に入った僕は、セス・グライシンガーからレフトへプロ入り初本塁打を放った。そして、続く試合でも先頭打者本塁打。プロ入り1号、2号が先頭打者というのはプロ野球史上初めてのことだそうだ。翌日もまたスタンドへ放り込み、これで3試合連続での本塁打をマークした。

赤松と言えば「俊足と守備の人」というイメージが定着していただけに、3試合連続本塁打なんて意外に思われるかもしれないが、その理由はあると、自分なりの分析はできる。

それまでの僕は、しびれる場面での盗塁や守備が使命であり、打席に立っても、一打で結果を求められる立場だった。そこで結果を出さなければ、二軍降格が目の前にちらつくのだから、ワンチャンスに、すべてを賭けてきた。常に極限に近い緊張感のなかで勝負してきたのだ。

しかし、スタメンで起用されるようになると、心には余裕が生まれる。もちろん、全打席凡退していれば、その居場所は剥奪されるのがプロの世界だが、この「余裕」というものは、打席での球の見え方をまったく変えてしまう。たとえ1打席目で打てなくても、打つチャンスは次にも与えられるから、緊張感でガチガチになった一度きりの打席よりも、リラックスして投手と向き合えるのだ。すると、同じ150キロの球でも、実によく見えるようになる。

そうして打席を重ね、安打も出ていれば、「ここでちょっと、球種やコースに（ヤマを）張ってみようかな」という場面もある。そこで狙い通りの球が来てタイミングが合えば、パワーヒッターではない僕でもスタンドにまで運ぶことができるのである。スポーツの世界にメンタル面が大切だと言われることを、レギュラーとして初めて体感できた。

運命に導かれたカープの1年目は、左打者の天谷と併用される機会が多かったものの125試合に出場した。打率が.257で、盗塁は12個。常時試合に出る立場として、物足りなさは否めないが、やっと一軍選手の仲間入りを果たせたシーズンだった。


タイガースでの3年間、一軍でわずか36試合にしか出場していなかった自分に、マーティー・ブラウンという人はいくつものチャンスを与え戦力として扱ってくれた。移籍してきた形はどうであれ、彼との出会いは実に大きかったと言える。

そして、移籍のタイミングも追い風になったことを忘れてはならない。カープの外野陣がなかなか固定されず、手薄だった時代だからこそ、自分が抜擢される機会に恵まれたのだ。リーグ3連覇を果たしたチームのように、丸佳浩と鈴木誠也が不動の位置を確保している布陣だったら、これほどのチャンスをもらえることはなかっただろう。

おまけに、現在のように、二軍に年齢の近いライバルがひしめきあっていたら、そこを勝ち抜くことさえ難しかったかもしれない。彼らのレベルにしても、移籍してきた頃の自分より、高いものを持っているからだ。つくづく、人生にはタイミングというものがあって、その先の少ないチャンスにつながっているのだと思う。

こうして運にも恵まれ、少しは近づけたレギュラーの座を、次の年こそ確実にしなければならない。

レギュラーとしての起用

2009年、カープの本拠地は、広島市南区のマツダスタジアムに移った。この球場は、建設にあたって費用の一部を賄おうと、市民による「平成の樽募金」が実施されるなど、カープへの熱い思いが詰め込まれた「ボールパーク」だ。球場をぐるりと一周できるコンコースに、さまざまなアイデアが盛り込まれた観客席。野球場の概念を打ち破る、斬新な施設の誕生だった。

これまで見てきたどの球場とも景色が違う。外野手の目線で見ると、捕手の後方、バックネット越しに客席が重なって見えるから、打球の出どころは見えづらい印象だが、これはすぐに慣れるだろう。

新球場元年。この年、プロ入り後初めて、開幕試合にスタメンで起用された。1番、センター赤松。

当時のカープベンチには、一つの時代を作った大先輩の緒方さん、前田さんもいたが、ブラウン監督の方針で、外野の布陣が急激に若返りを始めた時期だったと言える。緒方さんは現役の最終年。前田さんは、コンディションの不調が長引き、マツダスタジアム元年となるこのシーズン、一軍登録されることはなかった。

緒方さん、前田さんとも、自分の極めたい野球をとことん追求してきた二人だったから、若手への切り替えに対して、心のなかは決して穏やかでなかったはずだ。僕が入団する以前からの選手に聞けば、自ら話しかけてくることもなく、こちらからも話しかけづらいという印象があったようだ。

でも、第一線でレギュラーを張ってきた選手だからこそ分かる、パフォーマンスの低下は、否定しようがないところもあるだろう。次の世代に、自分たちの経験を引き継ぐことも、役割だと割り切ることも必要だ。この頃から、若手に対していろいろなアドバイスをしてもらえるようになった。

この年、プロとして初めての経験は、オールスター戦にファン投票で選ばれ、出場したことだ。第一戦は札幌ドーム、第二戦は、この年誕生したマツダスタジアムで行われた。この地元での試合には、東出輝裕さん、石原慶幸さん、栗原健太、大竹寛、そして僕の5人がスタメンで起用された。

セ・パ両リーグのスター選手が集う「球宴」は、プロである以上、いつかは出てみたいものだ。日本球界を代表する選手たちが集まるのだから、ベンチには生きたお手本がずらりと並んでいる。この頃、レギュラーシーズンでは、不調からスタメンを外されることが多かった僕は、何か自分にとってプラスになることを学んで帰りたいと思っていたので、中日ドラゴンズの荒木雅博さんに、打撃への取り組み方などを相談したものだ。

オールスター戦は、緻密な戦略を立てて勝ちにいくというより、トップレベルにある個人の力を直接ぶつけ合うことに醍醐味がある。投手は直球で打者をねじ伏せにかかり、打者は全打席で本塁打を狙っていく。俊足が売りの選手が出塁すれば、果敢に盗塁を狙うし、そこはバッテリーとの駆け引きよりも、捕手の肩との勝負だ。

本塁打を狙わなければ、球種も限られるので、安打は生まれやすいし、盗塁にしても躊躇なくスタートを切ることができる。この年のオールスターでは、2試合に出場し、2安打、2盗塁を決め、「はつらつとした躍動感あるプレーでファンの心を最もときめかせた選手」として、表彰された。

この試合を球場で観ていたブラウン監督は、後半戦のスタートと同時に、再びスタメンで起用してくれるようになり、2009年のシーズン、137試合に出場し、初めて規定打席に到達した。ただ、自分の残した2割3分台の打率は、規定打席に達した選手のなかで最低の数字だった。安打は98本。これでは到底、胸を張ってレギュラーとは言えない。

この年、二塁手として142試合に出場し、チームトップの打率を残した東出さんと話したことを覚えている。

「やはり、スタメンで使ってもらう以上、1日1本の安打は打たないとタメですよね」

これは、自分のなかではそれだけ打ってこそレギュラーだと、かなりレベルを高めに置いて問いかけたのだが、

「シーズンの試合数は144。レギュラーとして出場する以上、1試合に1本の安打では少ないよ。レギュラーはそれでは足りない」

さらりと返ってきたこの言葉は重い。多少は打撃に目をつぶって起用されていても、やはり、打つことで結果を出さなければレギュラーではない。必要条件の大事なところを満たしていない自分は、そういう立場の人間ではないのだと考えを切り替えた。では、打撃成績を残せない自分の存在意義は何だろう。自問自答しながら秋が過ぎ、カープは監督の交代を発表した。

ここからまた、運命が動き始める。

野村監督のチーム改革

Bクラスに低迷するチームを活性化するため迎えられたマーティー・ブラウンが、4年間監督を務めてチームを去った後、2010年から指揮を執ることになった野村謙二郎さんは、優勝するのだという強い意識をもってチーム改革を進めた人だ。現役時代に直接会ったこともなかったし、僕が広島に来た頃は、テレビで野球解説をされていた。だから、どんな人なのか、テレビを通して観る印象でしかないのだが、「難しい人なのかな」と先入観があったことも確かだ。

ところが、実際に会って言葉を交わした野村さんは、実に明るく、野球への熱意にあふれた人だった。とにかく、野球のことばかりを考えていると言ってもいい。これは僕に限ったことではないだろうが、野村さんから個別に呼び出されることも多くて、試合の映像を見ながら、さまざまなプレーについて話し合った。シーズン中の遠征先では「野手全員集合」の声が掛かり、野村さんがホワイトボードに書き込みをしながら、配球の勉強会もたびたび開かれた。

そんな野村監督時代の練習は厳しかった。少し緩んでいたかもしれないチームのムードを引き締め、目指すところはBクラスからの脱却どころではない。もう一度、カープの野球を再生することに力を注ぐ人だった。

この年の春季キャンプ、僕は左のハムストリングに肉離れを起こし出遅れてしまう。リハビリや教育リーグへの参加を経て、一軍に登録されたのは、開幕後、4月4日のことだった。

マーティー・ブラウン監督の時代に続いて、野村さんも僕をレギュラーとして育てたいと思ってくれた人で、一軍への合流後はその思いに応えようとするのだが、なかなか数字として残すことができなかった。

赤松、スパイダーマンになる

2010年8月4日、横浜ベイスターズ戦であのプレーは生まれた。村田修一選手が放った、バックスクリーンの左に届く大飛球。センターから走り込んだ僕は、垂直な壁を2歩で駆け上がる。そこはまさに打球の落下点。フェンス上で捕球し、着地した瞬間、球場全体が大歓声に包まれた。

あのプレーに関しては、奇跡的という表現をされることがあるが、実際には、偶然と、そうでない一面がそれぞれある。外野手は、守備練習の際、必ず、ライン際やフェンスぎりぎりのところへ飛んだ打球への対応を考えるものだ。マツダスタジアムでも時々、「ここへ打球が来たら、最短でフェンスに上って……」と外野陣で話すこともあったし、実際、遊び心で試してみたこともある。あまり頻繁にやっていると、ラバーに穴をあけてしまうので滅多に試すことはなかったが、そのシミュレーションが生きた場面だったと言える。

だがその場合、あくまでも捕球を前提としているのではなく、スタンドに入るはずの打球を叩き落とすとか、体のどこかに当ててグラウンド内に戻すだけでも、立派なファインプレーだ。格好なんてどうでもいいのだ。

打球の飛ぶ方向を確認し、予測したら、一気にフェンスを駆け上がる。この間、打球からは一度目を離しているから、あとは勘が頼りだ。観客を少し見下ろす位置に達して振り返ると、もう目の前に打球が迫って来ていた。「あ、捕れる」と思った瞬間、体の近くに構えたグラブに打球は収まった。左手でしっかりボールの感触を確かめながら、背丈以上の高さから飛び降りると、マウンド上の齊藤悠葵が、唖然とした表情でこちらを向いて「ナイスプレー」の拍手をしていた。

面白いことにこんな場面は続くもので、このプレーが生まれた後、今度は天谷がビッグプレーをやってのけた。8月22日。この日は天谷がセンターに入っていて、投手はまたしても齊藤悠葵、対戦相手はやはり横浜ベイスターズだった。8回、ブレット・ハーパーが豪快に打ち上げた打球が右中間を襲う。定位置から言えば、ややライト寄りに上がった打球だ。フェンスに向けて躊躇なく走り出した天谷はフェンスを駆け上がり、捕球体勢に入る。打球が少し体の後ろ寄りに落ちてきたところを、見事にキャッチしたのだ。大歓声のなか、ライトの廣瀬さんにお尻を叩かれながら引き上げる天谷は、「やばい、捕っちゃった」と驚きの様子を隠さなかった。

この二つのプレーは、翌2011年シーズン、「跳べ！　赤松くん天谷くん」人形として、マツダスタジアムのレフト側コンコースに設置され、たくさんのファンが写真に収める名所ともなった。プレーは一瞬でも、自分の代名詞として覚えていただけることは、素直に嬉しいものだ。

2010年のシーズン、厳しいレギュラー争いのなか、打撃成績では、ここまでの自己最高打率．285をマークし、盗塁も20を記録。守備については、自身初のゴールデングラブ賞を受賞することができた。守備率10割とはいかなかったが、印象に残るプレーができたことが大きかったと思う。

若手台頭のなかで

野村さんが監督を務めた時代は、現在のチームを作り上げるための下地作りの期間とでも言えばいいだろうか。それまで、僕にしても天谷にしても、レギュラーとして起用されてきたが、打者としてのアベレージを振り返れば、打率は、だいたい2割台の真ん中あたり。．250を下回ることさえある。これでは攻撃力でチームに貢献してきたとは言い難い。やはり、野手がチームの信用を得るには、常に3割近くを打てる選手であることが理想だ。

それができていない自分を、どこか客観視しているところもあって、「こんな成績でレギュラーと言えるのか」と自問自答していた時期だ。他のチームの外野手と見比べて、守備力で劣るところはないにしても、打撃成績の差は歴然だったのだから、そう思っていたのは、けっして自分だけではなかったはずだ。

そんな2011年、頭角を現したのが、やがて2年連続のMVPとなる、2年目の丸佳浩だった。誰かが故障や不調で戦列を離れれば、そのポジションを誰かが虎視眈々《たんたん》と狙う。自分もそうやってレギュラーへの道を歩んだし、才能ある若い力が台頭してこそ、チームは活性化するものだ。今思えば、この年が、世代交代のタイミングであり、三連覇するチームの原型ができ始めたと言えるだろう。

丸という選手は、一言でいえば「頭の良い選手」だ。試合の中継で、ひたすらノートに何かを書き込む姿が映し出されるのを覚えている方も多いだろう。これは対戦相手のデータを記録として残しているのだが、これらは多くの選手がやっている。僕自身も、その日の先発投手についてのデータは、書き溜めたノートを見直し、頭に入れてからベンチに入るようにしていた。

ただ、彼が人と違うのは、それを普段から完全に頭のなかに入れていること。そして、疑問点を解消したいと思えば、積極的に質問していく、コミュニケーション力の高さを備えた選手でもある。走塁のことについては僕のところにやって来るし、打撃の技術面についてはとにかく前田さんに意見を求めていた。前田さんもそれに応じ、熱心に指導する場面をよく見かけたものだ。彼の打撃には、前田さんの教えが多分に生かされていると思う。

試合に出続けるには、打撃力だけでなく、覚えることが山ほどあるのだから、その情報を上手に消化するためにも、レギュラーにはクレバーな選手が求められる。丸はまさにそんな男だ。

世代交代とは、衰えつつある身には厳しい現実だが、目の前にその席が用意された若手にとって、またとないチャンスと言える。それがプロの世界の掟《おきて》だ。やがて鈴木誠也が現れ、外野手が打線をけん引するチームになるために、避けて通ることはできない過程だった。

そうして若い力が台頭してくるなか、常時試合に出る立場を失った僕に、「代走」としてのポジションを与えてくれたのが野村さんだった。この役目を与えられた瞬間、それまでの自問自答から解き放たれたように、自身の心にスイッチが入ったことが忘れられない。

「俺が生きる道はこれだ」

僕は走ることのスペシャリストとして、活路を見出した。

スペシャリストの存在意義

代走として起用される場面は、間違いなく試合の終盤、1点を巡る「勝負の分かれ目」だ。レギュラーで起用されていた頃の1試合に数度訪れる打席とは、緊張感が違う。プロとして試合に出始めた頃の、しびれるような思いが蘇ってくるようだ。塁上に送られるのは、高い確率で盗塁を求められる状況なのだから、相手バッテリーは徹底的に警戒してくる。そこをかいくぐるには、いろんな条件を積み重ねなければならない。このことについて、徹底的に研究を重ねた。

野村さんは、僕の盗塁技術が高いと見て、その立場を与えてくださったのだと思うが、スタメンで出場していたときの僕は、走ることに関して、そこまで徹底的に追求していたわけでもなかった。まずは出塁すること、安打を打つことが最優先で、走塁にまで意識がまわらなかったというのが正直なところだ。

数字を残さない限り、スタメンの座は保障されるものではない。だから、相手チームの試合をビデオで研究することもなく、試合ごとにスコアラーから与えられるデータを、即席で頭に入れて臨んでいた。

しかし、スペシャリストとしての立場を与えられると、それまで打撃に費やしていた時間を、すべて走塁の研究につぎ込むことができる。いや、そうしなければ期待に応えることはできない。そこからは、スコアラーに提示されたデータをもとに、投手と捕手の組み合わせによる配球の傾向や相性、投手のクセなどを徹底的に分析した。

プロの世界に入った頃、一軍の選手が細かにデータを活用する姿に驚いた自分が、今ではデータの蓄積なしでは走ることが怖いぐらいになっている。当時からすれば、まさに180度の転換だ。

盗塁は、投手の投球動作と同時にスタートを切っていては成功しない。それ以前のスタートが必須条件だ。走者を出したとき、ベンチではコーチがストップウォッチを手に、投手のモーション始動から送球までのわずかな時間を常に計測している。試合終盤に出番がやってくる僕も同様に計っているのだが、計測を開始するタイミングはわずかに違う。だから、「ここがスタートの瞬間だ」と走る立場の人間の感覚を大事にしていた。

一塁上に立てば、常に「走るぞ」とプレッシャーをかけ、捕手の握り損ねや、送球ミスを誘うよう仕掛けていくことも大事だ。これらの条件をクリアしてはじめて、盗塁を仕掛けることができるのだ。

読売ジャイアンツの菅野智之だけは、完投タイプの投手なので例外だが、起用されるイニングを考えれば、相手チームの投手も抑えかセットアッパーに限られる。その点では、マークすべき投手を絞り込むことはできた。

ただ、こちらが研究するように、当然、相手バッテリーもこちらのデータを把握している。赤松は前回このカウントのこの配球で走ってきたという具合だ。でも、バッテリーがそのデータを強く意識してくれれば、こちらにとっては好都合とも言える。

僕の盗塁を警戒するほど、その分打者への意識が疎かになるからだ。打者にとっても配球が読みやすくなる。

確かに代走は、「走ること」が仕事だ。でも、本当の役割は、自分の存在で安打を導き出すことにあると思う。盗塁数は伸びなくても、安打によって得点につながれば、その方が何倍もやりがいを感じるのだ。

これこそが、しばらく答えの出なかった「自分の存在意義」だ。

振り返ってみると、スタメンで出ている頃は、チームの勝利よりも個人の成績を優先していたように思う。その日安打を打ったか、良いプレーをしたかで試合後の達成感が左右されていた。チームが勝っても、その試合に貢献していなければ、素直に喜べない日さえあったものだ。しかし、代走という立場を与えられてからは、チームが勝つことを心の底から喜べるようになった。

野球はチームプレーだが、突き詰めれば個人プレーの集大成だ。僕が送り込まれる場面は、間違いなくチームの勝敗を左右する場面。盗塁が勝利に結びつけば最高だが、自分の存在がプレッシャーを与え、誰かがヒーローになっても喜びは同じなのだ。野球選手とは我が強いもので、どうしても「俺が俺が」となりがちだ。でも、走ることに特化した役割を担うことで、自分の心のなかから、いつしかそんな思いは消えていた。勝てば嬉しい。負ければ悔しい。そう、素直に思えるようになっていた。

チームの勝利のために、僕は走っている。

2013年のシーズンは、前半戦を5位で折り返したものの、後半のカープは、中日ドラゴンズと3位争いを繰り広げた。9月に入っての7連勝が大きくものを言い、16年ぶりのAクラス入りと、初のクライマックスシリーズ進出を果たした。

二人のレジェンド

2014年、2年連続で3位となり、クライマックスシリーズに進出した広島東洋カープだったが、ファイナルへの進出はかなわなかった。シーズン終了後、野村監督に代わって、緒方監督の就任が発表され、僕にとってはカープで3人目の監督となった。

この年のオフ、日本球界の話題はカープが独占したと言ってもいい。一つは、MLBの最前線で先発投手を務め、そのオフにも高額の年俸を提示されていた黒田博樹さんのカープ復帰。そしてもう一つは、僕がカープにやって来るきっかけとなった新井貴浩さんが阪神タイガースを自由契約となり、カープに戻ってくると発表されたことだ。同じ時代にカープを支えた二人が、帰ってくる。

復帰の経緯については、それぞれに葛藤もあったことだろう。だけど、二人に共通していたのは、現役としての野球人生をこのチームで終え、燃え尽きたいという強い思いだった。

カープが長くBクラスに低迷する間、投打の柱として活躍した二人の存在は、チームの再建に有形無形の効果をもたらすだろうと期待された。その結果は、2年後の秋、リーグ優勝という形で実を結ぶことになるのだが、選手の目で見ても、この二人のレジェンドが、チーム内での精神的支柱となったことは間違いない。いや、チームの空気を入れ替えたという表現が正しいだろうか。

カープの一員として復帰した新井さんに会ったのは、1月の合同自主トレ初日。新人選手と並んで挨拶を求められ、

「守備のことなら何でも聞いてください」

この名言で、爆笑をさらった新井さんは、阪神タイガース時代の重圧から解き放たれ、実に楽しそうに見えた。そこにいるだけで、何か発言するだけで、周りがぱっと明るくなるから不思議だ。

これが新井さんの本来の姿なのだろう。FAで移籍したタイガースでは常に注目の的であり、1試合、1打席ごとに結果を求められる。調子を落とせば、敗戦の原因として責められることも多かっただろうから、次第に新井さんの良さが影を潜めていったのかもしれない。

新井さんがカープに復帰して、何がチームにとって大きかったかと言えば、敗戦の原因を、すべて自分一人で背負う姿勢だ。言うだけなら簡単だが、これはなかなかできることではない。野球チームでは、「投手と野手の壁」が少なからず存在し、試合に負ければ「誰のせいで負けたんだ」という、原因探しのようなことも実際にはあるものだ。

だが、新井さんは「敗戦の責任は全部俺にある」と言い切り、敗因を他に求めたりすることはなかった。その狙いは一つ。黒田さんと二人、全員が同じ方向を向くうえで障害となる目に見えない壁を取り払うことを、第一に考えていたからだ。

かつてカープに在籍している時代、どうしてもかなわなかった優勝を成し遂げるために、新井さんの決意は揺るぎなかった。こうなると、後輩たちは肩の荷が下り、伸び伸びとプレーできる。中心選手である「タナキクマル」の三人だって、年齢的にいえばまだ30歳手前の中堅だ。

彼らから余計な重圧を取り去ることで、本来の力を発揮させられたのだとしたら、その功績は計り知れない。表向きには、年下の選手にイジられる一面を見せながらも、肝心なところで選手たちを束ねる力は新井さんの「人間力」があればこそだろう。

黒田さんも同様の立場を取り、投手の立場から壁を取り払うことに力を注いでいた。その豊富なキャリアで、若手に与える影響も大きかったと思う。当時は、前田健太がエースとして不動の地位を築き、間違いなく彼がリーダーだったから、黒田さん自ら、若手に働きかけることはなかったが、前田自身が、黒田さんへのリスペクトを忘れなかったことは大きい。黒田さんから調整についてあれこれ教えてもらうようになり、アドバイスの輪も投手陣に広がっていったのだと思う。

この二人と思いを共有し、チームの意思統一に欠かせない存在となったのが、ベテランの石原慶幸さんだ。三人は、よく連れ立って食事に出かけていた。チームに対するさまざまなことを、語り合っていたのだろう。その席では、ときに愚痴のようなものが口をついて出たことがあったかもしれない。でも、いざユニフォームを着れば、そんなそぶりはみじんも見せない。やがてこれに、当時選手会長を務めていた小窪哲也や會澤翼が加わり、二人の考えを継承していく立場を担ってくれている。

2015年は、やっとその入り口に立ったばかりのシーズンだった。リーグ戦の結果は4位と、ファンの期待を裏切ることになったが、新井さんが引退の会見で語った「カープは家族」という思いは、徐々にチームを一つにし、25年ぶりの優勝に向けて動き出すことになる。

この年、僕自身は国内FA権を取得したが、行使することなくカープに残った。もちろん、8年在籍したチームへの愛着があったのも確かだが、そもそもFA権を行使する選手は、自分の力をよく知っている人で、別のチームへ行けば、その力がどこで必要とされるか、揺るぎない自信があるからこそ、踏み切れるのだ。では、自分の立場で考えるとどうか？　ＦＡ宣言をしたところで、守備や代走要員である選手を獲りたいと思う球団は、まずないだろう。

それなら、選択肢は一つしかない。自分に与えられた役割を果たすことで、少しでも勝利に貢献し、カープに恩返しするだけだ。こうして、ごく自然に残留を決めることができた。

とはいえ、この年、一気に盛り上がった「優勝」への熱気を、本物だと感じるに至っていなかったのは、正直なところだ。優勝するチームと、そうでないチームとの差は、決して明確なものがあるわけではない。守備の弱いチームがそこを強化したからといって優勝することはないし、打力だけがクローズアップされるチームがダントツで強いのでもない。要は、投手力と攻撃力のバランスが取れていてこそ、成し遂げられるものなのだ。

だから、ベテランの両輪が復帰し、若い力が伸び盛りのカープにも、その可能性は十分にある。なのに、今一つそれが確信に至らなかったのは、現役選手の誰一人として、このチームの優勝を経験していなかったからだ。気持ちの上では、誰もが本気で優勝を目指しているのだが、そこに到達するまでの戦い方を知る者がいるかいないかは、とても大きい。

優勝への快進撃

緒方監督2年目の2016年、優勝への機運が高まるなか、カープは快進撃を続けた。攻撃の布陣では、田中広輔、菊池涼介、丸佳浩の3人が固定され、この「タナキクマル」トリオは攻撃の核となった。この3人であっさり先制点を奪うこともあれば、たとえ下位から回ってきても、何かが起きそうな期待をファンは抱いていただろう。これに、新井さんやブラッド・エルドレッドがどっかり座っているのだから、相手投手にとっては切れ目がなく、嫌な打線だったはずだ。

クリス・ジョンソンと野村祐輔が、最多勝利を争うほどの好投で投手陣をリードする。黒田さんもローテーションの一角を守って投げ続け、常に試合を作る投球を見せていた。この年は、4月に新井さんの通算2000安打、7月には黒田さんの日米通算200勝など、大きな節目がやってきたり、交流戦で飛び出した、誠也の「神ってる」3試合連続本塁打など、話題に事欠かなかった年だ。偉大な記録達成や逆転勝利を繰り返しながら、自然とチームの一体感が醸成されていった。

僕の役割はやはり、ここ一番での代走だ。春から好調を維持していたので、決して多くはない出場機会で、結果を残すことができていた。交流戦を前にした5月17日からの6連戦は、3試合連続で盗塁を決めるなど、起用に応えられていたと思う。

カープの野球は、よく「機動力野球」と呼ばれる。2016年のレギュラーシーズンで、チーム盗塁数が118と他チームを圧倒したのもそうだが、「次の塁を獲る」という意識がチームに浸透し、たとえ凡打でも走者を進める一打にしたり、塁に出れば誰もが貪欲に先の塁を狙った。大ベテランの新井さんや巨漢のエルドレッドまでが一切の手を抜かず、全力疾走を見せた。打つこと、守ること、そして走ること。野球の3つの要素で、つい疎かになりがちな「走ること」を大事にする姿勢は、いくつもの劇的な場面を演出した。

そしてあの日、プロ野球史上、初めてのサヨナラ劇が生まれたのである。

初めての適用

この年、プロ野球界で大きなルールの変更があった。本塁上での危険なプレーに関して定められたコリジョンルールだ。これには二つの規則があって、まずは、本塁を狙う走者が、意図的に捕手や野手に触れる(体当たりをする)ことを禁止すること。もう一つは、ボールを保持していない捕手が、本塁に向かう走者の走路をブロック(塞ぐ）することを禁止するというもので、これまでの本塁上での派手なクロスプレーは見られなくなるということだ。

これにより、捕手はどうしても、野手からの返球をホームベースの前方（投手寄り）の位置で受けてから走者にタッチしにいくことになる。俗にいう「追いタッチ」だ。アウトとセーフの微妙なタイミングだと走者が有利になる。すでにこの年も、いくつかのきわどいプレーを巡ってこのルールが適用され、初めの判定が覆るケースは何度も起きていた。


6月14日、西武ライオンズとの交流戦で、コリジョンルールでの、ある初めての適用が起きた。これに絡んだのが僕だ。

交流戦に入ってからのカープは打線の調子が下降気味で、得点力が落ちている時期だった。大きな連敗をしないのがこの年の強さでもあったが、ここまで二連敗。その試合を落とせばシーズン初の三連敗となる。

この試合は、エルドレッドとメヒアが放ったソロ本塁打で挙げた2点を守り、終盤に入ったのだが、西武が追い上げてくる展開となる。僕は、試合途中からエルドレッドの代走で起用され盗塁を決めたが得点につなげられなかった。そして、逃げ切りを狙った1点差の9回表に、森友哉の本塁打でついに同点とされてしまう。

その裏のカープは2死から粘り、走者を2塁1塁に置いた。自分に打席が回ってくればなんとかしてやるぞとの気持ちは作っていた。そしてその通り、代打が送られることなくその場面が訪れたのだ。2塁走者は菊池だ。単打さえ打てば必ず本塁を狙ってくれる。

西武ライオンズのストッパー、増田達至をとらえた打球は足元を抜けてセンター前へ転がった。サヨナラの可能性がある場面、外野手は長打への警戒を捨て、定位置よりも前に守備位置を取る。秋山翔吾がボールを処理し返球。河田雄祐コーチは腕を回し菊池を本塁へ突入させた。

返球がわずかに3塁側へとそれる。微妙なタイミングながら菊池が上本達之捕手のタッチをすり抜けたように見えた。しかし、判定はアウトのコール。これと同時に緒方監督がベンチを飛び出し主審に抗議する。審判団はこの判定についてビデオ検証する旨を場内へ向けてアナウンスし、一旦グラウンドを離れた。

球場の大型ビジョンでは何度もホームインの瞬間が映し出され、その都度ファンの間からもさまざまな反応が起きる。ただ、ここで問題となっているのは、菊池がタッチされたタイミングではなく、捕手がルール上の違反を犯したかどうかだ。ここでの判定は一つのアウトだけでなく、試合を終わらせるものになるのだから、審判団も慎重にならざるを得ないところだろう。

果たして判定は覆るのか？　3分経ち、5分経っても、審判団はグラウンドに現れない。この間、ベンチでの様子はどうだったかというと、悲壮感などまるでない。普段、打席に入ることの少ない僕が安打を打ったことだけで、お祭り騒ぎのような状態になっていて、仮に判定が覆らなくても、次の試合に向けて、気持ちの切り替えはできる。そんなムードのなか、菊池の生還が認められた時に、我々はどうするべきか、冗談交じりに話し合っていた。

「セーフの判定になったらベンチ内で水かけやる?」

「いや、それはおかしいだろう」

「アカさん、どうする?」

「そのときは、ベンチを飛び出して、バックスクリーン方向へ走りだすから」

長い中断の間、ベンチではこんな会話が飛び交う。時間がかかるということは、ルールの厳格な適用を巡って検証が続けられているからだ。それは、アウトの判定が取り消される可能性が高いことの裏返しでもある。

「アカ、これで判定がアウトのままだったら、お前、本当に『持ってない』ぞ」

緒方監督にもそんな声を掛けられながら、10分近く経過した頃、審判団がグラウンドへと姿を見せた。

「コリジョンルールを適用して、セーフとします」

一気にスタンドは沸きかえる。大歓声のなか、僕は約束通りセンターへ向けてベンチを飛び出した。左手を突き上げ走り、2塁ベースを過ぎたあたりで、まだ誰も追いついてこない。興奮しすぎて全力疾走してしまったようだ。外野の芝生に走り込んだあたりで、一番に抱きついてきたのは、なんと投手のジャクソンだった。これには少々驚いたが、このあと次々と選手が追いつき、恒例の「手荒い祝福」を受けた。

このプレーは、上本捕手が返球を受けた際、走者である菊池の走路を塞いだためと説明された。

スポーツをするうえで、危険な行為は禁じられるべきだし、故意のラフプレーに対しては厳しい対処が必要になるだろう。ケガを負えば長期離脱を余儀なくされることにもなりかねない。でも、本塁を取るか取られるかという場面には一つとして同じ状況はない。わずかな返球のずれで、やむを得ず捕手が走路を塞ぐ場合は起こりえるものだ。ルール導入の初年度でもあり、厳しく適用された場面だったが、やがては柔軟な運用がされるようになっても良いのかなと思う。

交流戦を苦手とし、毎年のように大きく負け越していたカープだが、この年は12球団中3位で切り抜けることができた。セ・リーグの5球団が負け越すなか、唯一、勝ち越したチームは、これで完全に勢いをものにした。8月上旬、追いすがるジャイアンツを振り切ったあたりから、優勝へのカウントダウンは始まった。

俺のところへ飛んで来い

9月10日の東京ドーム。スタンドはその瞬間を目に焼き付けようと半分以上は赤いユニフォームで染まっていた。

ジャイアンツに先手を取られて始まった試合だったが、1点を追いかける4回、鈴木誠也の同点本塁打から試合の流れは変わる。直後に松山竜平が勝ち越しの本塁打を放てば、5回にも誠也が左中間へ豪快な一発を叩き込み、終盤へ向けて試合は完全にカープのものになった。

粘投する黒田博樹さんが6回を3失点で抑え、以降、盤石の投手リレーで迎えた9回裏、2点のリードをもってマウンドには中﨑翔太が送り込まれる。僕は守備固めとしてレフトの守備位置についていた。背中の後ろで、どんどんファンの歓声が大きくなっていくのが分かる。

アウトカウントが重なっていく。守備の体勢を取り、試合を決める最後の打球は、なんとしても自分のところへ飛んで来いと願っていた。見せ場が限られる立場としては、ウイニングボールをつかむことで、優勝の瞬間を飾りたいと思っていたし、難しい打球が飛んできて、飛びつかなければいけないぐらいなら最高だ。

最後の打者の打球はショートの田中広輔のもとへ転がり、一塁の新井さんへと送られる。25年ぶりのリーグ優勝だ。ベンチから飛び出す仲間を、斜め右方向の視界にとらえながら、マウンドへ向け走り出した。この年の131試合目、チームにとっては25年ぶり、自身にとっても、プロ入り後初めて経験する優勝の喜びだった。

優勝するって、こんなにも嬉しいことなのか。ナンバーワンとなったチームで、自分も勝利に貢献できたことが誇らしい。日本一の目標は果たせなかったが、ビールかけや初優勝以来のパレードなど、優勝すればこそのご褒美もたくさん経験でき、充実のオフは、あっという間に過ぎていった。

もちろん、この頃は、自分の体に何が起きているのか、知る由もなかった。

〔第六章〕

もう一度あの場所へ

休んでいる暇はない

2017年のシーズン、リーグ2連覇を決めたチームの躍動ぶりは闘病生活の励みにもなり、チームメートやファンから届く連日の励ましは、間違いなく「生きる力」を与えてくれた。ただ、現役選手の一人として、チームの役に立っていないことは、どんな状況に置かれているとはいえ、悔しいものだ。

生きることを最優先した治療期間には想像さえできなかった野球への再挑戦。レベルはどうあれ、そのリスタートを切ることができたこと自体、喜ぶべきところだったのに、ずいぶん贅沢《ぜいたく》な話ではある。

シーズンを終え、秋季練習が始まる季節になった。この年、クライマックスシリーズのファイナルステージで横浜DeNAベイスターズに敗れたチームは、同時に、来季へ向けて動き始めた。シーズンを戦い抜いた主力選手たちは、体のリハビリや、束の間の休息に充て、若手たちは休む間もなく、フェニックスリーグに参加したり、秋季キャンプで厳しい練習に明け暮れる。翌年のキャンプでステップアップした姿をアピールするためにも息つく暇はない。

では、夏場から練習を再開できた自分はどうだったかというと、まさに若手同様、休むことなく練習を続けていた。筋力に体力、そして、培ってきた野球の感覚さえ失った半年間のブランクが、いかに大きいものだったか。それを思い知らされただけに、ここでペースを落とすことが、怖くてできなかったからだ。のんびりしたい気持ちは、その恐怖にかき消されていた。

もうあの状態には戻りたくない。その一心で、毎日大野練習場に通っていた。結局は、回復途上の体にしんどい思いをさせてしまうのだが、その頃は、練習量を増やしてでも、少しずつ状態を上げていかなければ、来季にとても間に合わないほどの危機感を抱いていた。

契約更改

シーズンオフは、オーバーホールや強化練習に取り組む一方、所属球団と、翌年の契約を結ぶ期間でもある。プロの選手としては、その年の戦いのなかで自分の残した成績を球団がどのように評価してくれるのかを聞く、1年間の総決算の場ともいえる。

目に見える、揺るぎない数字はもちろん、勝負を分ける局面で自分がどのように役割を発揮できたか、それに対して球団はどんな評価をしてくれるのか。来季の年俸を提示され、納得してサインすれば、新たな気持ちで野球に取り組むことができる。

しかし、シーズンを終えた後の野球界は別れの季節でもある。一つの球団が保有できる選手の数は70人。この枠に入らない育成契約の選手も入れれば、実際の人数はもう少し多くなるが、引退や、戦力外通告によりチームを去る人間は間違いなく出てくる。
一軍で活躍することなく去る者もいれば、往年の名プレイヤーだっている。チームはドラフトによって常に新しい戦力を補強しなければ存続できないのだから、厳しいが、仕方ないシステムだ。

2017年の契約更改の日がやってきた。

がん治療を半年で終え、夏場からは練習を再開できたとはいえ、いわゆる「ベテラン」と呼ばれる年齢に入った自分が、何ひとつチームの役に立たないまま、契約を更改して良いのか。
堂々とレギュラーを張っていて、闘病のブランクがあったのなら、復活への強い意思表示をすることもできるが、その材料は持ち合わせていない。一方、ベテランの存在意義は、常時出場できなくても、培った技術と経験値で、勝利に貢献するところにある。体が完全に戻る時期も分からないまま、ずっと二軍にいる自分は、それすらできていないのだ。
2018年限りで現役を引退した新井さんが、2年後、3年後のカープを考え、引退を決めたと会見で話していたが、まさに、新井さんのチーム愛にあふれた決断だったと思う。この頃の僕も、若い頃のような自分中心の考えはどこかに置き去り、チームの事情を優先して物事を考えるようになっていた。

自分が来季もプレーすることで、球団は、将来を担う若い外野手と契約ができないかもしれないし、当然、限られた保有枠から、はじき出される人間も出てくることになる。自分の希望だけを押し通して、チームに求められる新陳代謝を妨げるようなことがあってはならない。ベテラン選手の引き際として、多くの選手が同様の思いを巡らせ、現役生活に別れを告げてきたことだろう。

体をここまでの状態に戻すことができたからこそ、あらためて冷静に、「進退」について考えていた。自分は、引退という選択をすべきではないのか――。

この思いは、更改交渉の席上、鈴木球団本部長に話した。

「そうか。でも、人のことを考えるよりも、お前のやりたいようにやったらいい。野球を続けたいのなら、続けることだ」

答えは至ってシンプルだった。この言葉で、それまで悶々《もんもん》と悩んでいたのが嘘のようにすっきりとしたのを忘れられない。

そう、僕は、野球がやりたかったのだ。

長く調子を落として戦力になれなかったことではなく、あくまで、突然の病と治療に時間を要したことを球団は考慮してくれたのだと思う。試合で結果を残していないのだから、年俸は最高のダウン幅で提示されたが、これに異論があろうはずがない。チャンスを与えられたこの1年、自分がどこまで復活できるのか。さまざまな困難が待ち受ける新しい年が、始まろうとしていた。

治療の後遺症として、冷たさに対して過剰反応するようになった身には、真冬の自主トレ期間はつらい。屋内とは言え、広い練習場の空気はもちろん、周囲のものに触れても、すべてが冷たい。練習で動き始めても、なかなか体が温まってこない状態だから、用心していないと、思わぬケガにもつながりかねない。そこには細心の注意を払っていた。

手探りのキャンプ帯同

春季一次キャンプを山口県岩国市のキズナスタジアムでスタートした二軍は、第2クールから日南市に移動し、2月末まで練習を重ねる。南国とは言え、冷え込む日もある時期だから「寒さ対策」は欠かせない。日南へ移動する日のスーツの下にも、念を入れて薄手のダウンウエアを着込んでいたほどだ。そしてもう一つ、闘病中との決定的な違いに対応できるかどうか、野球をする以前にクリアしなければいけない問題があった。

野球ができる状態になってきたものの、それは練習の拠点が広島だったからだ。家から通える環境であることが大きかった。帰宅すれば、自分の状態を一番分かってくれている妻が、食事面など健康管理をしてくれる。日南キャンプへの参加は、闘病開始以来初めて、その環境から離れるということだ。

そもそもチームでは、新井さん、石原さんに次ぐ年長者なのだから、若手と同じ練習をこなすことは難しい。しかも、この頃はまだ、後遺症とうまく付き合うことができず、手足のしびれなど、違和感だけが先に立っていた。

コーチ陣は、僕の体調への配慮から、練習について無理をさせまいとしてくれる。

「もう、そのへんでいいぞ」

「無理するな」

自分の体のことだから、何がＯＫで何が無理なのかは理解しているつもりなので、もう少しできるという思いはある。でも、その言葉でブレーキをかけてしまう自分もいて、練習量は決して多くなかった。

何より不安だったのは、広島を離れて一人で送る日常生活だ。まず、体の状態を維持するために欠かせない食事の摂り方が難しい。宿泊先での食事はバイキング形式だから、量の調整は自分でできるが、少しでも栄養が偏ってしまうと、胃を切除したことによる後遺症がいつ現れるか分からない。もしかしたら、いきなり部屋で倒れてしまう危険だってありうるのだ。キャンプに参加している以上、それだけは絶対に避けなければならない。一度に食べられる量が限られるとなれば、練習の傍らにゼリーを携帯して口にするなど、工夫しながら栄養を補給していたものだ。

恐る恐るスタートした約１カ月のキャンプを、大きなトラブルなく過ごせたことは、復帰へ向けての大きな前進だった。

1年5カ月ぶりの公式戦

この年のウエスタン・リーグが開幕すると、ほどなく、試合での出番がやってきた。3月18日、ナゴヤ球場での中日戦。8回に代走での起用だった。2016年の日本シリーズ以来の公式戦だ。正直言えば、ここで起用されるのは少ないチャンスをものにすべき若手選手であるべきだろう。元の状態とは程遠い自分である必要はない。心の中では、チームメートに申し訳ないという思いもあった。

でも、自分に課せられた使命でもある、同じ病気と闘う人たちに勇気を与えるという点では、意味のあることだと割り切るしかない。いざ、名前をコールされてグラウンドに立つと、これまで経験したことがないほど、足が震えているのが分かる。ブランクを越えて実戦の場に戻ったという「武者震い」ではなく、ただただ恐怖心からくるものだった。走塁も、打撃も、守備もすべてが怖いと感じた。翌日のメディアには、「赤松、公式戦復帰」の文字が躍ったが、当人は復帰への感慨などに浸る余裕などなかったのである。

これを機に、ウエスタン・リーグでの出場機会は増えていった。


野球を再開してから、ちょうど1年が過ぎた頃だろうか。ひときわ暑かった真夏を乗り越えたあたりで、ようやく、それまでと違う動きができるようになった。病気になる前の自分を100パーセントとすれば、それでも50~60パーセント程度のものだが、野球は「用意、ドン」で競うスポーツではない。相手の隙を突いたり、たとえ会心の当たりではなくても、野手の間に落ちれば安打だ。良いポジショニングをしておけばファインプレーにだってつながる。

つまり、試合のなかで、「読み」が大きくものを言うスポーツだ。それまでと動きが変わったと感じるのは、ようやく、自分の反応と体の動きが一致するようになったからなのだろう。バッテリーの配球によって、微妙に守備位置を変えてみたり、それが的中したりと、野球選手として学習してきたことを、ようやく思い出すことができたのだ。
体力面にしても、回復傾向にあるのは実感できた。夏場までは、試合に起用されても短いイニングでベンチに下がることが多かったが、その頃には「あと1イニングいかせてください」「もう一打席入らせてください」と、少しずつ出場イニングを増やしていった。野球への欲が出てきたことの証だ。

2018年のウエスタン・リーグでは、55試合に出場し、残した数字は、打率.237、5打点、1本塁打、5盗塁。残した数字に見るべきものはないが、練習再開の当初に感じた「ダメかもしれない」状態から脱却できたことは救いだった。

そして、この年の契約更改。復帰の途上にある自分が、今回も球団から猶予を与えてもらう形になったが、いつまでも厚意に甘えているわけにはいかない。自分のなかでは、ラストチャンスの年だという気持ちでサインした。「戦力として期待している」という言葉は、「戦力となれるかもしれないから契約する」ことだと受け止め、もう一度、戦力になることに挑戦する1年にすると決意を新たにした。

手応えを感じる

1年前の同じ時期に感じていた、先の見えない不安は解消し、今年の自分はどこまで野球ができるだろうという期待感で迎えた新年。がんの発覚からもう2年が過ぎた。言葉にすれば「辛かった」の一言で片付いてしまうが、告知の際の衝撃に始まり、半年間の治療期間には、本当にいろんなことがあった。できれば、経験しないほうがいいこの闘病は、自分の人生のプラスになってくれたのか。再び一軍のグラウンドに立つことで、誰かを励ますことができるのか——。

その答えを導き出すチャンスが、2019年のシーズンになる。

この1年間で取り組んできたことは、後遺症との付き合いを模索することや、体の回復具合と相談しながら、自身の野球感覚を取り戻すことだった。でも、今年はその甲斐あって、次のステップを踏むことができそうだ。

このオフ、自分としての新たな取り組みは、筋力アップを目指したウエイトトレーニングの導入だろうか。決して、これから筋骨隆々になろうというわけではない。僕は元来、高負荷をかけたウエイトトレーニングをせず、あくまで、自重を使った腕立て伏せや腹筋など、体幹を鍛えることに主眼を置いてきた。失ったものが、2、3キロ程度の筋肉量なら、野球のトレーニングを積むことで、取り戻すことも可能だろう。ただ、闘病で失った約10キロの筋肉は、あまりにも大きな損失だ。

そんな自分が敢えて筋トレに取り組むのは何故か。限界まで追い込むほどではないが、相当の負荷をかけて筋肉に刺激を与えてやると、野球で同様の動きをしたとき、筋肉がその動作を思い出してくれるのだ。

かつての新井さんにしても丸にしても、ウエイトトレーニングで体を作ってきたことは有名だ。歯を食いしばって高負荷のトレーニングを貫くなかで、ある動作での力の入れ方は、野球のプレーでも同様の力を入れる場面が必ずある。そうすると、トレーニングと同様の刺激が伝わることになり、筋力がアップするわけだ。野球選手がシーズン中でもどんどん体が大きくなっていくのはそのためだ。

筋肉を大きくするだけなら誰でもできると思う。選手には、それを野球というスポーツの動きに連動させられるかどうかが、求められるのだ。筋肉は無意識に動くものだが、その力を最大限プレーに生かすことができなければ、宝の持ち腐れになる。ウエイトトレーニングには、目的意識をしっかりもって取り組むべきだろう。

では、病みあがりの自分が取り組むべきトレーニングはどうあるべきか。そこで定めた自分なりの目的は、ウエイト＝パワーという考えではなく、あくまで、パフォーマンスを取り戻すためと、ケガ防止のためとした。これまでも何度か故障に見舞われてきたが、今の自分が、ケガでリタイアしてしまえば、これまで歩んできた復帰への道のりがすべて無駄になる。数字上にみる筋力のアップも励みだが、これだけのことをやるおかげで故障と決別できるのなら、継続していくモチベーションになる。

オフの自主トレ期間も精力的に動いた。もうこの何年かは決まって立命館大学野球部の練習場を借りて練習することにしている。自分から大学に連絡を入れ、いつからいつまで練習場を使わせてくださいとお願いするのだ。それまでは環境を変えたくて、暖かい海外で始動したこともあるし、複数の人間で「合同自主トレ」を組んだこともある。だけど、この短い期間にやっておきたいことは、個々に違うだろうし、何人かで練習していれば、どうしても他人にペースを合わせないといけない場面も出てくる。結局は、自分の練習に割く時間も限られることになるので、一人での自主トレが最善だという結論にたどり着いた。

厳密には、一緒に行動してくれるトレーナーと二人で練習するのだが、同じ時期に同じ場所で取り組む自主トレだと流れも分かっているから、キャンプまでにやっておきたいことの進捗状況もチェックできる。これが最も自分に合った練習方法で、納得いくまで時間を使うことができるのだ。

1月15日、合同自主トレに合流し、若手も交えての全体練習が始まった。大勢のなかで動いても、十分についていけている。また一歩、確実にステップを踏んでいると実感できるようになっていた。人的補償としてカープに移籍し、12年目のスタートだ。

このオフ最大の話題は、丸のＦＡ権行使による読売ジャイアンツへの移籍だろう。これだけで終われば、カープファンには「またか」の悔しい思いが募るばかりだろうが、年明け早々に飛び込んできた「丸の人的補償は長野久義」というニュースは、多くの人が、驚きをもって受け入れただろう。これには我々選手も驚いたのが正直なところだ。形としてはＦＡのルールに沿ったものだが、まるで、主力選手間のトレードみたいだと、巷《ちまた》では大いに話題となった。

長野自身、ジャイアンツに対して強い愛着を持っていただろうし、生え抜きとしてチームを優勝に導きたいとの思いもあったはずだ。しかし、移籍が決まった後の彼は、実に潔く、カープの一員となることを前向きに捉えている。残してきた実績が素晴らしいから、周囲の期待は高まる一方だが、彼には気負わずにプレーしてほしいと思う。やらなければという責任感や義務感に支配されず、長野の野球をすればいいと思う。4連覇を目指すうえで、間違いなく大きな戦力となるはずだ。

不安を解消した春季キャンプ

2019年の春季キャンプが始まった。すべてが手探りの状態だった頃から1年、一番変わったことと言えば、衰えを感じていた動体視力が戻ってきたことだろうか。半年間のブランクを終え、実戦経験のないまま迎えた昨季は、投手の球の速さや打球への対応にどうしてもついていけずにずいぶんと苦しんだが、試合を重ねるなかで、生きた球に対する残像が蓄積されたのだろう。自身で復活への手応えを感じ始めた夏以降の感覚が続いているということだ。そんな自分なりの手応えをもってキャンプに臨むことができたのは大きい。

そして、治療の後遺症で、冷たさ、寒さに過剰反応していた去年と違い、今年の日南が、ずっと暖かかったことにも助けられた。日を追うごとに状態が良くなっているのも確かだし、自分がそれに慣れてきたこともあるだろう。
依然として手足のしびれは残るが、練習に支障をきたすものではない。この点に関しては、もう2年近くの付き合いになるから、日に日に改善していると実感できる。オフに取り組んできたウエイトトレーニングのおかげで、故障することもなく、去年とはまったく中身の違う春季キャンプを送ることができた。

次なるステップは、これを「本物」と呼ぶために、プレーで結果を出すことだ。体と心が万全の状態に近づいても、何も成果を残すことができなければ、いつまでも納得できることはないからだ。言い方を変えれば、不安材料が残るなかでも、まず結果が出れば、やってきたことが正しいと受け止められるだろう。いよいよ、真価が問われる公式戦の季節が近づいてきた。

勝負をかける公式戦

オープン戦は2月末からスタートした。レギュラークラスの選手は、実戦のなかでシーズンを迎える最終調整をし、ベンチ入り候補に名乗りを上げた若手は、起用の場面で結果を残すことに必死だ。二軍のオープン戦に当たるのが「教育リーグ」で、約2週間にわたって、公式戦と同様、ウエスタン・リーグと、イースタン・リーグに分かれて行う。この日程を終えれば、一軍よりも2週間早い公式戦の開幕だ。

取り戻した感覚を「本物」に近づけていくためには、やはり、実戦を重ねることが一番だ。教育リーグの期間は、ずっと途中出場だったが、試合のどこかで回ってくる出番に対して、格段に早い準備ができるようになった。ベンチのなかでは常に、ストレッチをしたり、歩いたりして、そのときに備えているのだが、去年はなかなか体が温まらなかったものだ。

この違いは、第一に、筋肉量の違いが大きいと思うし、後遺症に苦しみながらも、体にエンジンをかけるルーティンを自分で見つけ出せたことも理由だ。声が掛かるタイミングは、代打、代走、守備とさまざまにあるが、どの場面でもすぐにグラウンドに飛び出していけるようになってきた。

さらに、動体視力の回復で、打席に立つことの恐怖は感じなくなった。それで打てるようになるかといえば、そんな簡単な話ではないのだが、145キロほどの球速も、それほど速いと感じることなく、しっかり踏み込めるようになってきたし、見極めもできている。プレーへの恐怖心を払拭することが第一だった復帰以来のハードルは、乗り越えたと言っていいだろう。

それぞれの課題をクリアしつつあるこの段階で、敢えて不安な要素を上げるなら守備だろうか。去年と違い、二軍の外野手は増えていて、起用されるイニングも決して長くは与えられないし、守備に就いたとしても、毎試合打球が飛んで来るとは限らない。一度も守備機会のない試合だってあるぐらいだ。この点は、自分が望んでどうなるものでもないが、一番確かめておきたいところだけに気がかりではある。しかし、勝負はいよいよ始まった。去年よりも限られる出場機会でいかにアピールするか。一軍の層も厚ければ、まず競争相手となる二軍の若手も強敵ぞろいだ。ここを勝ち抜かなくては、復帰への道は開けない。

時代は変わっている

今のカープは、本当に若い選手のレベルが高い。「すごい時代になってきたぞ」というのが正直な印象だ。この世界に入って15年目になるが、少し前までは、プロの世界で即戦力となるには、やはり、大学や社会人のレベルを経験していた方が圧倒的に早かった。高校卒で入って来る選手は、ドラフトの順位がどうあれ、しばらくの育成期間が設けられ、徐々にプロの練習になじませていくプロセスが必要になる。あの丸だっていきなり出てきた選手ではない。

それがどうだ。ドラフト1位で入ってきた小園海斗は、合同自主トレ初日から目を見張る動きをしていて、抜擢された一軍のキャンプでも、新人らしからぬ存在感を発揮していた。彼は間違いなく、将来カープの中心選手になるだろう。

そして、とかく小園にばかり注目が集まりがちだが、二軍に帯同している高卒新人のレベルも高いのだ。そもそも体つきが高校生のものではない。以前は、大学生や社会人との決定的な差は体の完成度にあったのだが、これは、食事を通した栄養管理や、科学的なトレーニングの成果なのだろう。

野球の競技人口は減少傾向にある。チームスポーツはまず、選手の人数を満たさないと成り立たないのだから、やむを得ず廃部になったり、チームが消滅するケースが後を絶たない。

横浜ＤｅＮＡベイスターズの筒香嘉智選手が、これからの野球界を憂い、指導のあり方について一石を投じる発言をしたことが話題になったが、まさにその通りだと思う。大人は往々にして、自分の経験をそのまま指導に持ち込む傾向にあるが、時代は変わっているのだ。つい、口をついて出てくる「昔は」という押し付けは、今の子どもたちには通用しない。当然、指導者も日々勉強を重ねているとは思うが、教える大人の方から時代に対応していかなければ、競技人口の減少に歯止めをかけることはできないだろう。

僕が高校生だった20年前、アマチュアスポーツ界は、まだまだ根性論が幅を利かせていた。有無を言わさず厳しい練習を課し、そこでは、選手が意見を口にするなどあり得ない。だけどその古い考えが多くの選手を限界に追い込み、可能性の芽を摘んだケースもたくさんあっただろう。その厳しさを乗り越えた者だけが、一流(プロ)になるのだということ自体がおかしな考えだ。

そもそも、一流になる選手は、どんな練習のなかにも高い意識を持って取り組むから、放っておいても成長する。今必要なのは、そのレベルの一つ手前にいる選手を、どうやって一流の域に引き上げるかだ。そのためには、練習や、自分が目指す方向について、選手と指導者が、会話を交わさなければならない。
自分がどういうプレイヤーになりたいのか、指導者としては、どういう適性を見出しているのか。その先にどんなトレーニングを積むかという方向性を指導者は定めていく必要があると思う。この過程を踏み、レベルの高い選手を育ててこそ、良い指導者と言えるのではないだろうか。

先輩と後輩のあり方についてもそうだ。昔は先輩から直接アドバイスをもらうことは皆無に近かったが、これも時代とともに変わっている。疑問を持てば、その打開策を先輩に求め、先輩はそれに答える。後輩に尋ねることがあってもいい。そうしてチームとしての力を上げていくことが今のスポーツのスタイルなのだ。

二軍では、新人選手がベテランに対しても気軽に話しかけてくる。僕もそれに対して普通に答える。慣習や古い暗黙の了解など、今やプロの世界にも存在しない。

野球が楽しく、面白いスポーツなのだと強くアピールし、引っ張っていくのが、プロ野球の使命だと思う。そのためには、何年たっても魅力を失わないように、常に高いレベルの野球を見せることが大事だ。プロの世界にどんどん新たな力が加入し、目指したい子どもたちが増え、裾野が広がることで、野球界全体がレベルアップしていくのだと思う。

新しい時代のスター選手は、間もなく誕生するだろう。

すべての方へ恩返しを

僕は今、自分のために野球をしていない。生きることを最優先し、野球人としての人生を捨てても構わないという決断を下した瞬間からだ。幸い、半年間の闘病を経て、再びユニフォームを着ているが、自分のための野球だったら、遅かれ早かれ、どこかでピリオドを打っていただろう。この年齢になり、2年間一軍で成績を残していないのだから当然だ。

こうして再び一軍でのプレーを目指していられるのは、その間、実に多くの励ましをいただいてきたからだ。人の温かさに触れることがどんなに嬉しいものか、病気をしなければ分からなかったと思う。その間、選手の立場のまま、球団に治療を許してもらえたこともそうだ。闘病から現在に至るまでのすべてのことに感謝の思いしかない。自分がその恩に報いるには、もう一度、一軍の戦力として復活を果たすこと以外にないのだ。

告知から2年以上過ぎた今、病気との闘いには「勝った」と言ってもいい。だが、本当の意味での「復活した姿」を見せることができない限り、自分の役割を果たせたとは言えない。自分と同様、またそれ以上の症状と闘う人たちを、プレーで勇気づけられなければ、現役生活を送る意味がないからだ。

若く、優れた戦力がどんどん台頭してきた今、僕にできることは、守備と走塁だけだ。このことに特化して、どこまで100パーセントの状態に戻すことができるか、挑み続けなければならない。「まだ体が完全ではありませんから、もう少し時間を」なんて、甘えたことを言っていられる立場ではないのだ。現役として活躍する最後のチャンスと捉え、結果につなげるべき2019年のシーズンだ。

野球選手が頑張るモチベーションは人それぞれにあるだろう。野球を通して一流になり、地位や財を築くこともそうだろうし、お金じゃなくてひたすら高みを目指すことだってそうだ。価値観は人それぞれなのだからすべて正しい。

今の自分のモチベーションは、本心から「誰かのために野球をする」ことにあると断言できる。病気をするまでは、自分のために野球をすることで、チャンスや活躍の場を与えていただいた。これからは、自分のプレーが多くの人の励みになるよう、恩返しをする番だ。健康なまま現役を続けていたら、この思いにたどり着くことはなかっただろう。必ず実現してみせる。

全国から励ましの声をいただいた、ファンの皆さん、チームメート、球団の方々には、恩返しの気持ちを。そして現在も病気と向き合う方やご家族には闘う勇気を、プレーで届けられるように。

ずっと心配をかけてきた家族には、「もう大丈夫だよ」と胸を張って言えるように。

僕の野球人生は、まだ続く。目指すところはただ一つ、再び一軍の舞台で、チームの勝利のために走ることだけだ。

2019年4月10日
広島東洋カープ　赤松真人

〔著者プロフィール〕

赤松真人（あかまつ・まさと）
1982年9月6日生まれ京都府出身。平安高－立命館大を経て、2004年ドラフト6巡目で阪神タイガースに入団。2008年、FAで阪神に移籍した新井貴浩の人的補償として広島東洋カープに入団し、高い守備力と俊足で外野の中心選手に成長。2016年は、走塁のスペシャリストとして25年ぶりのリーグ優勝に貢献した。同年12月、ステージⅢの胃がんが発覚。手術と半年間の抗がん剤治療を乗り越え、選手として復帰。再び一軍でのプレーを目指す。

赤松真人38。　（検印省略）

2019年5月10日　第1刷発行

著　者　赤松真人（あかまつ・まさと）
発行者　田中朋博

発　行　株式会社 ザメディアジョンプレス
〒733-0011 広島市西区横川町2-5-15
TEL 082-503-5051　FAX 082-503-5052
受付時間　9:00〜18:00
HP http://www.mediasion-press.co.jp/

発　売　株式会社 ザメディアジョン
〒733-0011 広島市西区横川町2-5-15
TEL 082-503-5035　FAX 082-503-5036
受付時間　9:00〜18:00
HP http://www.mediasion.co.jp

落丁・乱丁本はご面倒でも、上記ザメディアジョンまでお送りください。
送料は小社負担でお取り替えいたします。
古書店で購入したものについてはお取り替えできません。

印刷・製本　株式会社 シナノパブリッシングプレス

ISBN978-4-86250-622-1　¥1300E